PETITE PHILOSOPHIE POUR SURMONTER LES CRISES

Paru dans Le Livre de Poche :

CATHERINE RAMBERT

Petite philosophie pour surmonter les crises

365 pensées optimistes

ÉDITIONS N° 1

ISBN : 978-2-253-13172-4 – 1re publication LGF

À Thomas,
qui vient d'arriver.

À ma mère,
qui n'est jamais partie.

Il faut que tout change pour que tout demeure pareil.

LAMPEDUSA

Avant-propos

Crise économique, crises personnelles, crises passagères ou profondes... Comment rester optimiste quand la vie traverse des orages ?

Comment garder le moral, trouver des raisons de relativiser ou d'espérer, quand tout nous incite au contraire ?

Comment trouver en soi les ressources pour rebondir et se réinventer ?

Comment parvenir à envisager l'avenir sans angoisse ?

Petite philosophie pour surmonter les crises propose des réflexions, des pensées, des petites phrases à méditer, des stratégies à adopter au quotidien pour nous aider dans les moments délicats de notre vie.

Quels que soient les événements extérieurs et leur impact sur nous, cet ouvrage nous apprend à rester maîtres de notre destin, pour ne pas être « happés » par la morosité ambiante. Car nous portons tous des possibilités infinies de nous réinventer. Il nous rappelle que ce n'est pas ce qui nous arrive qui est important mais la façon dont nous réagissons aux événements.

Nous avons tous la possibilité de modifier le cours de notre existence en changeant de comportement. Tel est le message de ce livre.

Aucune réussite n'est possible sans prise de conscience.

Tantôt empreinte de sagesse, d'espoir, de gaieté et même d'ironie, cette *Petite philosophie pour surmonter les crises* délivre de précieux conseils pour nous aider à prendre du recul, à rebondir après un échec et nous donner chaque jour une occasion de maîtriser davantage notre vie.

Ces 365 pensées précieuses, inspirées des philosophies antiques et bouddhistes, rappellent que tout homme porte en lui la solution à ses problèmes et que chaque nouveau jour est une promesse de bonheur.

Pensée du 1er jour
1er janvier

Renaissance

Comme le jour vient après la nuit,
comme le beau temps succède aux orages,
le meilleur reviendra aussi.

Ancrons en nous cette certitude.
Nous renaîtrons.

Pensée du 2e jour
2 janvier

Lumière

Quand l'on garde une lueur d'optimisme en soi, il est possible de distinguer une minuscule lumière dans la nuit noire.

Pensée du 3e jour
3 janvier

Se faire confiance

Et si nous cessions de trembler,
de douter de nous-mêmes ?
Le jour où nous déciderons de nous faire confiance
et de nous aimer tels que nous sommes,
nous comprendrons que les autres nous aiment
et nous préfèrent ainsi.

Pensée du 4e jour
4 janvier

Changer

En temps de crise,
certains se lamentent,
maudissent le sort,
les aléas,
les difficultés,
le gouvernement,
la météo...

Et si l'on en profitait pour changer ?
Penser différemment,
nous remettre en cause,
nous former à autre chose,
revoir nos priorités...
Et pourquoi pas ?
Envisager ce qui nous paraissait,

jusque-là,
inenvisageable.

Think different, disent les Anglais,
pensons différemment.

Pensée du 5e jour
5 janvier

Mourir un peu

Contrairement à l'idée reçue,
nous mourons tous plusieurs fois
au cours d'une vie.

Mais nous renaissons aussi plusieurs fois.

Pensée du 6e jour
6 janvier

Du pied gauche

La crise,
piétinons-la.
Marchons-lui dessus...
De préférence du pied gauche,
ça porte bonheur !

Pensée du 7e jour
7 janvier

Résolution

En ce début d'année faire un vœu,
qui nous tient à cœur,
et dont la réalisation aura un sens.

Formuler ce vœu intérieurement,
le visualiser.
Se promettre de tout mettre en œuvre
pour le réaliser.
Faire chaque jour un pas vers lui.
Se donner mentalement rendez-vous
plusieurs fois dans l'année
pour voir où l'on en est.

Noter ces rendez-vous sur son agenda,
pour nous obliger à nous interroger :

« Où en est ma résolution du 7 janvier ? »
Ainsi, on se voit progresser.

Réussir ce challenge personnel
nous rendra plus heureux.

Pensée du 8e jour
8 janvier

Illusions

Que croit-on ?
Qu'il existe des vies préservées de tout,
sans déception,
ni échec,
ni maladie,
ni deuil ?
Des vies exemptes de difficultés,
de trahisons,
de chocs émotionnels,
de chagrin et de larmes ?

Quelle illusion !
Aucune existence n'échappe à son lot d'épreuves.

Seule compte la façon de les surmonter.

Pensée du 9e jour
9 janvier

Lucidité

Garder la lucidité
et conserver le calme des sages :
ils savent que rien n'arrête jamais la folie des hommes
et que l'histoire n'est qu'un éternel recommencement.
De catastrophes,
et d'embellies.

Pensée du 10e jour
10 janvier

Morale

Tirons une leçon,
une morale,
une éthique,
des épreuves présentes,
et ne renouvelons pas demain
les erreurs d'hier.

Pensée du 11e jour
11 janvier

Ce qui va...

Quand les éléments se déchaînent
et que tout semble aller mal
à l'extérieur,
songeons à ce qui va bien
à l'intérieur :
un peu de chaleur,
la présence d'un être cher,
le réconfort de l'amour,
un ou deux amis bienveillants,
et même le parfum réconfortant
d'un gâteau encore tiède.

Forgeons-nous une certitude :
les aléas n'auront pas raison de ces essentiels.

Pensée du 12e jour
12 janvier

Des raisons d'espérer

Dans les moments difficiles,
les valeurs de partage,
de fraternité,
de générosité
retrouvent tout leur sens
et leur légitimité.

On le voit,
toute crise porte en elle des aspects positifs
et des raisons d'espérer.

Pensée du 13e jour
13 janvier

Valeur

La valeur d'un homme
se mesure à sa capacité
de se relever
après un échec.

Pensée du 14e jour
14 janvier

Prudence

Puisqu'il est impossible
d'éviter les épreuves,
d'esquiver les catastrophes,
d'échapper aux périls
nés de la folie des hommes,
vivons plus sagement,
et accueillons avec distance
les bouleversements.

Si l'on ne peut les fuir,
on peut s'en prémunir,
et atténuer ainsi les effets qu'ils auront sur nous.

Pensée du 15ᵉ jour
15 janvier

Non !

Un non
demande mille fois plus de courage
qu'un oui.

Mais il procure mille fois plus de satisfaction
s'il nous a permis de rester
en accord avec nous-mêmes.

Pensée du 16e jour
16 janvier

Compromission

Ne jamais sous-estimer la faiblesse humaine.
Tant d'hommes
courageux
et honnêtes
finissent par faire des compromissions,
accepter la facilité
et renoncer à leurs idéaux.

Pensée du 17e jour
17 janvier

Effet papillon

Une seule personne
peut mener,
par son comportement,
des millions d'autres
à la catastrophe.

Réfléchissons à la portée de nos actes,
même des plus anodins.
Nous savons trop aujourd'hui à quel point
le battement d'ailes d'un papillon
peut déclencher un ouragan
de l'autre côté du monde.

Ainsi a-t-on vu
à quelle vitesse
les malversations des uns
entraînent la ruine des autres !

Pensée du 18e jour
18 janvier

Résistance

Le courage
ne consiste pas à parler fort,
ou à menacer.

Le courage,
c'est avoir la force de s'opposer
à de mauvaises décisions,
guidées par des intérêts à court terme.

Pensée du 19e jour
19 janvier

Le bon sens

Rester calme dans la tempête.
Tenir, s'il est sincère, un langage différent
quand tout le monde panique
et va dans le même sens.

Telle est la véritable dignité de l'homme.

Pensée du 20e jour
20 janvier

À nous de choisir

Se souvenir,
ainsi l'écrivait le philosophe Alain,
que le pessimisme
est la victoire de notre humeur.
L'optimisme,
celle de notre volonté.

Pensée du 21e jour
21 janvier

Importance

Un événement a souvent l'importance
que l'on décide de lui donner.

Ainsi, relativiser un échec
et avoir la force morale de se dire
« Ce n'est pas grave »
décuple nos chances
de le surmonter.

Pensée du 22e jour
22 janvier

Le fou et le sage

Le fou regarde le doigt qui montre l'étoile,
le sage regarde l'étoile.
Le fou raisonne à court terme,
ne voit que son intérêt immédiat.
Il se dit : « Après moi le déluge. »
Le sage reste calme,
songe à l'intérêt collectif
et à celui des générations futures.

Pensée du 23e jour
23 janvier

Déconnexion

Si les mauvaises nouvelles nous dépriment,
éteignons la radio,
refermons les journaux,
n'allumons plus la télé jusqu'aux beaux jours.
Ne laissons pas
la morosité nous envahir.

Retrouvons un peu d'insouciance.

Pensée du 24e jour
24 janvier

Abus de confiance

Ne faire confiance à personne, sinon à soi,
et encore...
Par les temps qui courent,
nous risquerions de nous abuser, nous-mêmes.

Pensée du 25e jour
25 janvier

Fondamentale

Quand le vent souffle,
quand les éléments se déchaînent,
on se cramponne à ce que l'on a sous la main
pour rester debout,
pour ne pas être emporté par la bourrasque.

De même en temps de crise,
raccrochons-nous aux valeurs fondamentales de notre vie,
et préservons-les.
Ce sont elles qui nous maintiendront debout,
elles, qui nous aideront à traverser les tempêtes.

Pensée du 26e jour
26 janvier

Avec des si...

« Limite tes désirs des choses de ce monde,
et vis content. »

Si les personnes
chargées de la conduite du monde,
que l'on pensait raisonnables
et responsables,
avaient médité ce sage précepte
du poète persan Omar Khayyam,
serions-nous
là où nous en sommes aujourd'hui ?

Pensée du 27e jour
27 janvier

Ne pas savoir

Lorsque l'on décide de déconnecter,
d'interrompre le flot des mauvaises nouvelles,
lorsque l'on décide,
pendant quelques heures,
de « ne pas savoir »,
parce que, finalement, cela ne change rien...
on réalise
que l'on est plus léger,
et que l'anxiété est mère de tous les maux.
Sachons la fuir.

Qui vivra verra...

Pensée du 28e jour
28 janvier

L'argent et la confiance

L'histoire récente
nous apprend
combien il est dangereux
de placer toute sa confiance
dans l'« argent roi »,
et dans ces alchimistes
qui prétendent
le multiplier
ou changer
notre plomb en or.

Gardons-nous des promesses trop belles,
et dangereuses.

Pensée du 29e jour
29 janvier

Fou

Méfions-nous de qui ne jure que par l'argent.
C'est un fou qui s'ignore.

Pensée du 30ᵉ jour
30 janvier

Le jour après la nuit

Même si les temps sont durs
et les perspectives sombres,
même si les difficultés nous angoissent
et obscurcissent l'horizon,
même si le bonheur s'englue
dans les soucis quotidiens
et dans l'inquiétude du lendemain,
même si l'insouciance s'est envolée
emportant avec elle
la légèreté d'antan...
gardons confiance !
Les jours meilleurs reviendront,
chargés de nouvelles promesses et d'espoirs.

Le printemps succède toujours à l'hiver,
comme la nuit revient après le jour.

Pensée du 31e jour
31 janvier

Chemin

La route qui descend,
si elle paraît plus facile,
n'est souvent pas la meilleure.
Elle semble engageante, certes,
peu éprouvante,
pourquoi dès lors
en emprunter une plus ardue ?
Las !
Son apparente commodité
est un leurre
qui conduit vers l'oubli des vertus essentielles
et cultive le goût des fausses valeurs :
l'absence de contrainte,
la renonciation à l'effort,
la perte des notions de mérite et de morale.

La facilité fait les hommes faibles,
immatures
et sans conscience.
Elle creuse le lit de l'irresponsabilité, des égoïsmes,
à l'origine de tant de malheurs.

Choisissons le chemin qui monte.

Pensée du 32e jour
1er février

Choisir

Apprendre à choisir,
et donc à renoncer,
sans regret
ni amertume.
L'esprit clair et déterminé,
sans remettre sans cesse
en cause ce que l'on fait.

Et réaliser que l'on se trouve bien ainsi,
libéré du fardeau de l'indécision.

Pensée du 33e jour
2 février

Méditer

« Si l'on n'a pas fait d'effort
quand on était jeune et fort,
inutile de se lamenter
quand on est vieux. »

(Proverbe chinois)

Pensée du 34e jour
3 février

Coloriage

Dans un environnement terne et gris,
mettre de la couleur autour de soi,
c'est déjà aller mieux.
Colorions notre vie,
entourons-nous de gaieté et de fantaisie.

Pensée du 35e jour
4 février

État d'esprit

Lorsqu'on supporte les événements,
on est négatif.
Lorsqu'on les accepte,
on devient positif.

Pensée du 36e jour
5 février

Relativiser

Se souvenir que nos grands-parents
ont supporté la guerre,
les privations,
la disparition de proches.

Que sont nos supposés malheurs
au regard des épreuves qu'ils ont endurées ?

Relativisons nos difficultés actuelles :
si elles sont bien réelles,
elles ne sont peut-être pas aussi graves
que nous l'imaginons.

Pensée du 37e jour
6 février

Commencement

Et si l'on songeait à ce que l'on pourrait faire
dès aujourd'hui
pour commencer
à améliorer notre avenir ?

Pensée du 38e jour
7 février

Fraternité

Et si nous retrouvions les vertus du partage ?

Partager les trajets en voiture
pour consommer moins,
polluer moins.

Grouper les courses
pour obtenir des réductions,
des prix de gros.

Prêtons,
échangeons,
troquons,
partageons des repas,
des conseils
des moments d'amitié et de fraternité.

Pensée du 39e jour
8 février

En soi

Développer en soi une pensée positive,
comme un jardin secret.
Les êtres optimistes sont toujours les plus forts.

Pensée du 40e jour
9 février

Jardinier

Il faut arroser chaque jour son bonheur :
une pincée de rire,
une brassée d'amour,
un zeste d'amitié,
un brin d'optimisme,
un rien de compassion...
Il n'est pas de meilleure façon de l'entretenir,
de le prolonger.

Pensée du 41e jour
10 février

Avantage

Si les événements
ne se déroulent pas
comme nous l'aurions souhaité,
s'ils prennent du retard,
inutile de se lamenter.
Mieux vaut réfléchir
à la meilleure façon
de s'adapter à la situation.

Pensée du 42e jour
11 février

L'essentiel

Tout paraît plus dérisoire
lorsqu'on ne perd pas de vue
l'essentiel.

Pensée du 43e jour
12 février

Stoïque

Les choses contre lesquelles nous ne pouvons rien, faisons en sorte qu'elles ne puissent rien contre nous, nous rappelle la sagesse stoïcienne.

Pensée du 44e jour
13 février

Trop lourds bagages

Le passé est souvent un bagage trop lourd à porter.
Déposons-le.
Allégeons-nous,
ce qui est arrivé est arrivé.
Et hier ne peut être changé.

Apprenons à tourner la page.

Inutile de culpabiliser,
de regretter,
d'entretenir notre souffrance.

Le regret est comme un caillou dans la chaussure,
il rend le voyage de la vie
plus douloureux.

Pensée du 45e jour
14 février

En paix

Faire la paix avec son passé,
c'est accepter une fois pour toutes
qu'on ne peut le changer.

Se tourner vers l'avenir
et se débarrasser des regrets
pour se donner une chance
de réussir demain
ce qui a été raté hier.

Pensée du 46e jour
15 février

Éternel mirage

L'argent,
chacun le sait,
ne peut acheter le bonheur
ou l'amour.
Pourtant,
combien continuent à en amasser,
croyant qu'ils trouveront ainsi la félicité ?

Pensée du 47e jour
16 février

Maux d'argent

À force de croire
que l'argent peut faire notre bonheur,
nous perdons notre capacité à être heureux sans lui.

Pensée du 48e jour
17 février

Distances

L'argent peut tout salir,
tout corrompre,
jusqu'au plus pur des sentiments :
l'amour.

Voilà pourquoi il faut l'apprécier,
mais se garder de trop l'aimer.

Pensée du 49e jour
18 février

Prendre garde

Ne négligeons pas les signaux d'alerte.
Même les plus anodins.
Parfois, une minuscule fissure
suffit à faire couler un bateau.

Pensée du 50e jour
19 février

Enseignements

Tous les grands enseignements philosophiques,
toutes les quêtes spirituelles,
nous apprennent
que la course à la surabondance
fait le malheur des hommes.

Pensée du 51e jour
20 février

L'art subtil de ne rien faire

Apprendre à ne rien faire,
à libérer son esprit
des futilités qui l'encombrent
est un art subtil et utile
que chacun devrait cultiver.

Pensée du 52e jour
21 février

Flexibles

Nous n'avons pas toujours raison.
Ne nous obstinons pas,
laissons-nous aller, plus souvent.

Apprenons à lâcher prise.

Pensée du 53e jour
22 février

Admettre l'échec

Après un échec
cessons de nous trouver des excuses,
d'invoquer la fatalité.

Si nous avons échoué,
c'est que nous avons eu tort,
à un moment ou un autre.

Si nous ne l'admettons pas,
nous nous exposons à recommencer.

Pensée du 54e jour
23 février

Fatales négligences

Un grand échec
est parfois le résultat
de petites négligences accumulées.

Pensée du 55e jour
24 février

De la volonté d'être heureux

Le bonheur est plus souvent qu'on ne le pense une affaire de volonté.

Pensée du 56e jour
25 février

De l'immatériel

Nos malheurs viennent souvent
de notre assujettissement aux biens matériels.

Si nous savions nous libérer de cette dépendance,
nous serions plus heureux
et, d'une certaine façon,
plus légers.

Pensée du 57e jour
26 février

De l'intérieur

Lorsque tout va bien à intérieur,
l'extérieur suit.

Mais l'inverse n'est pas vrai.

Pensée du 58e jour
27 février

Résistances

Ne pas sombrer dans la sinistrose
et le défaitisme,
c'est déjà une première victoire
sur la crise.

Pensée du 59e jour
28 février

Nouvel ordre

Le monde change,
nous assistons
au commencement d'un nouvel ordre.

Et nous pouvons,
chacun à notre place,
œuvrer
pour le rendre meilleur que le précédent.

Pensée du 60e jour
29 février

Dans la tête

Le bonheur s'offre à qui le veut.
Est-ce parce qu'il est gratuit,
que beaucoup le dédaignent ?

Pensée du 61e jour
1er mars

Haut les cœurs !

Cela peut sembler paradoxal
mais lorsque notre environnement va mal,
nous devons au contraire
tout faire
pour aller le mieux possible
et tenter d'inverser
le cours des choses.

Inutile d'en rajouter.

Pensée du 62e jour
2 mars

Le matin

Ne nous réveillons pas
en ressassant les malentendus
de la veille.

Chaque matin est un recommencement,
une opportunité.
Ne les gâchons pas.

Pensée du 63e jour
3 mars

Le premier jour

Aujourd'hui est le premier jour
du reste de notre vie.

Pensée du 64e jour
4 mars

Plaisirs simples

Cuisiner un plat chaleureux et réconfortant,
respirer le parfum de l'herbe coupée,
prendre un bain (même si ce n'est pas très écolo),
écouter la musique que l'on aime,
s'amuser avec un enfant...

Autant de petits plaisirs
qui bâtissent jour après jour
notre bonheur.

Pensée du 65e jour
5 mars

Question de point de vue

Et si l'on se rappelait, une fois encore,
qu'il y a moins de problèmes
qu'il n'y a de solutions !

Pensée du 66e jour
6 mars

Y croire...

L'optimisme,
la confiance en soi,
sont les plus sûrs moyens
de venir à bout des situations difficiles
et de surmonter les tracas du moment.

Pensée du 67e jour
7 mars

Ressources

Plutôt que de miser
sur l'hypothétique amélioration
de la situation,
ou de rester passif
dans un environnement aléatoire,
misons sur nous-mêmes,
et uniquement sur nous.

Nos ressources intérieures
sont infinies.

Pensée du 68e jour
8 mars

Inutile d'en rajouter

Ce n'est pas en répétant
que la vie est difficile,
ou en passant son temps
à se lamenter,
que nous améliorerons
notre situation.

Le monde va mal, certes,
mais cessons nous aussi
de cultiver
le défaitisme et le pessimisme.

Pensée du 69e jour
9 mars

Les bonnes nouvelles

Et si l'on apprenait à reconnaître
les bonnes nouvelles,
à les fêter,
les apprécier,
plutôt que de nous focaliser
sur les mauvaises ?

Qui sont finalement très relatives.

Pensée du 70e jour
10 mars

Ça ira mieux demain

Face à un gros problème,
une déception,
faire le dos rond,
encaisser le choc
sans le fuir ou le nier.
Rester calme,
s'efforcer de rationaliser les faits.

Envisager les moyens d'en sortir.
Et se dire
que cela ira mieux demain...

Pensée du 71e jour
11 mars

Apprécier ce qui peut l'être

Si nous ne savons pas profiter
des occasions de se réjouir,
ou de rire,
si nous ne savons pas apprécier
les bons moments,
ni reconnaître les éclaircies
qui percent dans un ciel sombre,
alors tant pis pour nous !

À croire que le malheur
nous intéresse davantage
que le bonheur.

Pensée du 72e jour
12 mars

Autosuggestion

Ne sous-estimons pas la force de l'autosuggestion.

Se dire que cela ne va pas si mal,
c'est déjà aller mieux.

Pensée du 73e jour
13 mars

Signal

Chaque crise,
chaque rupture,
est un signal.
Une séparation,
un échec professionnel,
un deuil...
aussi douloureux soient-ils,
doivent nous inciter
à changer,
à bouger nos frontières personnelles.

Pour rendre demain meilleur
qu'aujourd'hui.

Pensée du 74e jour
14 mars

Essayer « autre chose »

La perte d'un emploi peut être l'occasion
de réaliser enfin
un projet qui nous tient à cœur,
une opportunité pour « essayer autre chose »,
une idée que l'on portait en nous
depuis longtemps
sans oser, ou trouver le temps
de la mettre en pratique.

Profiter de cette période
pour entreprendre une nouvelle aventure :
créer son entreprise,
peindre,
voyager...
qu'importe.
L'existence est riche de possibilités insoupçonnées.

Pensée du 75e jour
15 mars

Se réinventer

Gardons intacte notre confiance,
cette force morale
qui nous permet de rebondir,
de nous réinventer.

Pensée du 76e jour
16 mars

Aimer son époque

Il est vain de s'obstiner,
de ramer à contre-courant
et de regretter le passé.
Les choses vont comme elles doivent aller,
que cela nous plaise ou non.

Progressons avec notre époque,
au lieu de nous crisper
et de la critiquer.

Pensée du 77e jour
17 mars

Vivre au présent

La nostalgie est un frein
lorsqu'elle devient prétexte
à refuser les évolutions du monde.
Elle nous fige dans des postures négatives
ou dépassées.

Vivons au présent.

Pensée du 78e jour
18 mars

Définition

La gaieté...
cette forme suprême d'insolence
et de liberté...

Pensée du 79e jour
19 mars

Cessons de regretter

Nos arrière-grands-parents,
comme nos grands-parents,
ont connu la guerre
et les privations.

Nos parents ont traversé des crises,
des chocs pétroliers
et ont découvert le chômage.

La génération suivante
a été confrontée
au Sida...

Celle d'aujourd'hui se souviendra
de la crise financière,
du 11 Septembre...

Et, malgré cela,
chaque génération regrette son époque,
où tout était prétendument mieux.

Si ce n'était que notre insouciance
et notre jeunesse
que nous regrettions ?

Chaque époque est porteuse de drames
et d'espoir.

Et si le bon temps était maintenant ?

Pensée du 80e jour
20 mars

Accepter d'aller mal

Accepter d'aller mal parfois
est une prise de conscience salutaire.
Et le premier pas
pour décider d'évoluer.

CONTE DU PRINTEMPS

Ode à la vie

La vie est une chance, saisis-la.
La vie est un cadeau, aime-le.
La vie est une beauté, admire-la.
La vie est une béatitude, savoure-la.
La vie est un devoir, accomplis-le.
La vie est un rêve, fais-en une réalité.
La vie est un défi, relève-le.
La vie est un jeu, joue-le.
La vie est précieuse, prends-en soin.
La vie est une richesse, conserve-la.
La vie est un amour, jouis-en.
La vie est un mystère, perce-le.
La vie est une promesse, respecte-la.
La vie est tristesse, surmonte-la.
La vie est une chanson, chante-la.
La vie est un combat, dispute-le.
La vie est une tragédie, prends-la à bras-le-corps.
La vie est une aventure, tente-la.
La vie est un bonheur, mérite-le.
La vie est la vie, défends-la.

Mère TERESA,
d'après des paroles de Krishna,
extraites de la
Bhagavad-Gîtâ du Mahâbhârata.

Pensée du 81e jour
21 mars

Nouvelles opportunités

Si l'on traverse une période d'inactivité forcée,
en profiter pour s'investir dans autre chose,
s'ouvrir l'esprit.
S'impliquer dans une association,
se présenter à la mairie
pour signaler que l'on cherche du travail,
mais aussi faire savoir que l'on est disponible
pour aider.
Accepter un petit boulot
en attendant mieux.
Donner un coup de main
à un copain,
au commerçant du coin.
Épauler des personnes âgées,
garder des enfants...

Se rendre utile permet de donner
Un nouveau sens à sa vie.

Pensée du 82e jour
22 mars

Confiance...

Quand le printemps revient,
la lumière est douce,
l'atmosphère semble légère,
les premiers rayons du soleil,
sur la rosée,
font scintiller la nature.
Les parfums subtils du petit matin
viennent nous rappeler
que la nature s'éveille,
et revient à elle,
après le long sommeil de l'hiver.
Tout renaît.
Tout semble possible.

Gardons confiance.

Pensée du 83e jour
23 mars

Positifs malgré tout

Les personnes positives
sont celles qui se donnent
les plus grandes chances
de rebondir
après un échec,
et donc de réussir.

Pensée du 84e jour
24 mars

Petit bonheur deviendra grand

Apprenons à nous réjouir,
à nous féliciter de petits riens.
Au lieu de voir toujours le bonheur « en grand »,
commençons par l'apprécier « petit ».

Pensée du 85e jour
25 mars

Les vertus du calme

Sachons rester sereins
dans des situations de stress mineur.
C'est un excellent entraînement
pour mieux gérer les problèmes importants
lorsqu'ils se présenteront.

Pensée du 86e jour
26 mars

Ce qui arrive

Ce qui est important
n'est pas ce qui arrive
mais la réponse
que nous donnons
à ce qui arrive.

Pensée du 87e jour
27 mars

Relativiser

Oublions la crise,
répétons-nous à haute voix :
« Je vais bien »,
« Oui, je vais bien ».
Le dire,
et le redire
encore.
Encore une fois.

Tant d'autres vont plus mal
que nous en ce moment.

Pensée du 88e jour
28 mars

Rompre l'isolement

La solitude
rend la perception de nos problèmes plus angoissante
et plus noire qu'ils ne le sont.

Parlons-en.

Ce que nous vivons,
d'autres le vivent ou l'ont vécu.

Pensée du 89e jour
29 mars

Doper son moral

Comme l'on échange des recettes de cuisine,
des secrets de grands-mères,
ou des livres...
échangeons nos méthodes
pour aller mieux
et doper notre moral...
C'est un exercice drôle,
et salutaire.

Pensée du 90e jour
30 mars

Reconnaître ses défauts

Demander à une personne de confiance
d'énumérer nos défauts.

Ne pas réagir, ni se justifier,
pendant l'exercice.

Écouter.
Prendre acte.

Ce que l'on n'a pas aimé entendre,
accepter de le corriger.
Même si l'on n'est pas tout à fait d'accord
avec ce qui a été dit.
Même si cela semble sévère.

Prendre ainsi conscience
de l'image
que l'on offre aux autres.
Et entamer
un processus d'évolution personnelle.

Pensée du 91e jour
31 mars

Victoire

Rire des difficultés de la vie,
même si elles ne prêtent pas à sourire.
C'est déjà une victoire sur elles.

Pensée du 92e jour
1er avril

Des raisons d'espérer

S'il y a mille raisons de s'inquiéter,
de craindre l'avenir,
de redouter le pire...
Il y a mille raisons aussi
de se réjouir,
d'apprécier,
et d'être content...

Pensée du 93e jour
2 avril

Petits, mais là

Cela paraît inouï,
mais même au cœur des plus grands malheurs
se cachent de minuscules bonheurs.

Pensée du 94e jour
3 avril

Ras le bol !

Ras le bol
du bonheur à tout prix !
Aujourd'hui,
si l'on n'est pas heureux,
assumons-le.
Mieux,
revendiquons-le.
Et que l'on nous fiche la paix,
car, en ce jour,
nous ne sommes pas d'humeur.

Stop à la dictature du bonheur !

Pensée du 95e jour
4 avril

Rester léger

Dans les périodes compliquées
et sombres,
chérir ceux qui nous font rire,
et qui savent rester légers,
malgré tout.

La gaieté est un talent.

Pensée du 96e jour
5 avril

La crise a bon dos

Au lieu d'attendre que le monde change,
si nous commencions par changer nous-mêmes !
Si nous réfléchissions
à ce que nous pourrions faire
pour nous améliorer ?
Il est aisé de critiquer les autres,
de s'en prendre à la fatalité,
sans se remettre en cause.
Est-ce la crise qui est responsable si l'on fume trop,
si l'on ne fait pas assez de sport,
si l'on reste avachi sur son canapé,
si la maison est en désordre,
si l'on est systématiquement en retard
ou si l'on s'énerve pour un oui ou pour un non ?
Commençons alors par changer.
Et tout changera autour de nous.

Pensée du 97e jour
6 avril

De l'extérieur

Faire l'exercice mental
d'observer sa vie « de l'extérieur ».

En prenant ainsi de la hauteur,
nous découvrirons
la situation
d'un autre point de vue.

Est-elle aussi grave que nous le pensions ?

Pensée du 98e jour
7 avril

Le pire n'est jamais certain

Très souvent,
ce que nous redoutons,
ne se produit pas
et s'évapore
dans le labyrinthe de l'oubli.

Cela valait-il la peine
de nous gâcher l'existence ?

Pensée du 99e jour
8 avril

Le superflu et le nécessaire

Gare aux caprices
et aux dépenses inutiles.
Sachons distinguer l'urgence
de l'importance,
le superflu
du nécessaire.

S'épargner d'inutiles soucis d'argent
et avoir une réserve de trésorerie
est un gage de sérénité
en ces temps tourmentés.

Pensée du 100e jour
9 avril

Les leçons de la mort

Malgré le chagrin,
le désespoir,
l'absence...

Il y a toujours une leçon de sagesse
à tirer de la perte d'un être cher.
Car la mort nous ramène à l'essentiel.
À la vie.

Pensée du 101e jour
10 avril

Utile

Être utile aux autres
est le plus sûr moyen
de donner un sens à sa vie.

Pensée du 102e jour
11 avril

Désirs ou besoins ?

En temps de crise,
il faut avoir la sagesse de distinguer
ses désirs de ses besoins.
Et se trouver bien ainsi.

Pensée du 103e jour
12 avril

Tirelire

Petite astuce :
glisser dans une tirelire
les pièces
qui traînent çà et là,
au fond d'un sac,
ou dans des poches...
Geste simple,
qu'on appréciera
lorsqu'on aura besoin
de menue monnaie.

Pensons alors,
de temps en temps,
à remplir cette petite réserve
bien utile.

Pensée du 104e jour
13 avril

Le bon moment

Dans les moments difficiles,
revoir ses projets
et ses ambitions à la baisse,
pour quelque temps.

Qui parle de les annuler ?
Il ne s'agit que d'attendre des jours meilleurs
pour se donner davantage de chances
de réussir.

Pensée du 105e jour
14 avril

Le prix du bonheur

La dureté
de certaines épreuves
nous rappelle que le bonheur
a un prix
et que nous sommes fous
de le gaspiller
sans en profiter
pleinement
chaque jour.

Pensée du 106e jour
15 avril

Prudence

Être réaliste,
se concentrer sur ce que l'on sait faire,
ne pas se leurrer de chimères,
ni être naïf
en surestimant ses capacités,
en s'imaginant
que l'on fera mieux que les autres.
Il est difficile d'échapper au contexte.

Avancer,
mais en sachant rester lucide.

Prudence est mère de sûreté.

Pensée du 107e jour
16 avril

Gageure ?

Ne pas cesser d'être audacieux,
tout en restant raisonnable.
Et si c'était possible ?

Pensée du 108e jour
17 avril

À méditer...

Parfois la mesure
et la prudence
se révèlent être
les plus belles illustrations de l'audace.

Pensée du 109e jour
18 avril

Aux abris

Quand une tempête s'annonce
même les marins les plus avisés
affalent les voiles
et se mettent à l'abri
en attendant une accalmie.

Sachons naviguer aussi
entre la houle et le beau temps.
Arrimons-nous au port parfois,
et laissons passer la tourmente.

Pensée du 110e jour
19 avril

Ralentir sans s'arrêter

Il ne faut pas craindre de ralentir,
mais seulement
d'être stoppé.
Ne laissons pas
l'imprudence
et l'excès
de confiance en soi
briser nos projets.

Pensée du 111e jour
20 avril

Course

Cela peut sembler paradoxal,
mais dans une course de vitesse
il faut savoir être patient,
et même ralentir
pour avoir une chance de gagner.

À vouloir
aller trop vite,
on s'expose
à foncer dans le mur.

Pensée du 112e jour
21 avril

Égalité

Aucun sondage,
aucune statistique,
n'a jamais démontré
que les riches
sont plus heureux
que les pauvres.

Pensons-y,
de temps en temps.

Pensée du 113e jour
22 avril

Agir à temps

Prendre les décisions importantes
au bon moment,
même si elles sont douloureuses.
Attendre est parfois pire
que ne pas agir.
Tôt ou tard,
il faudra s'exécuter,
parfois sous la contrainte
des événements.
Et cela n'en sera que plus douloureux.

Une décision
qui semble cruelle,
peut le devenir davantage
lorsque l'on est
dos au mur.

Gouverner sa vie,
c'est prévoir.

Pensée du 114e jour
23 avril

Des raisons d'espérer

Malgré la crise,
et selon différents sondages,
une majorité de gens
se déclarent optimistes
sur leur propre avenir.
Les jeunes sont plus positifs
que leurs parents.
La plupart croient
en des lendemains meilleurs.

Et nous ?

Pensée du 115e jour
24 avril

Vers les autres

De très sérieuses études comportementales
ont démontré
que ceux qui socialisent le plus
sont plus heureux,
plus sereins,
moins angoissés,
moins pessimistes
que ceux qui s'isolent.

Moralité :
se tourner vers les autres
permet d'aller mieux.

Pensée du 116e jour
25 avril

Rire salvateur

Savoir rire de tout,
c'est aussi ramener les événements
à leur juste proportion.

Pensée du 117e jour
26 avril

Mutation

L'existence
n'est qu'un éternel recommencement.
Le plus surprenant
est notre perpétuelle crainte de changement.

Pourtant,
« Il faut que tout change
pour que tout demeure pareil »,
écrit Lampedusa.

Pensée du 118e jour
27 avril

Soumission ou révolte ?

Le pessimisme est signe d'impuissance
et de soumission aux événements.

L'optimisme est signe d'audace
et de révolte
face à ces mêmes aléas.

Pensée du 119e jour
28 avril

Année sabbatique

Et si l'on s'offrait cette année sabbatique
dont on rêve depuis si longtemps ?
Et si l'on cessait de tergiverser,
d'attendre une hypothétique
amélioration de la situation.

Le bon moment,
il faut le décider,
le décréter.

Pourquoi attendre ?

Pensée du 120e jour
29 avril

Oser échouer

Pour réussir,
il faut accepter
d'échouer plusieurs fois,
et prendre le risque
de recommencer.

Pensée du 121e jour
30 avril

Heureux un instant

C'est fou comme un éclat de rire
a la faculté de nous faire oublier
nos soucis !
Certes, cela ne dure qu'un instant.
Mais...
« Sois heureux un instant,
cet instant c'est ta vie »,
écrivait le poète Omar Khayyam.

Pensée du 122e jour
1er mai

Encore un petit effort

« L'effort que l'on fait pour être heureux
n'est jamais perdu. »

Cette maxime
du philosophe Alain,
extraite de ses *Propos sur le bonheur*,
doit nous guider
vers cette lumière que l'on veut atteindre.

Pensée du 123e jour
2 mai

Juste valeur

Les choses n'ont jamais
que l'importance
qu'on leur donne.
Il ne tient qu'à nous
de les ramener
à leurs justes proportions.

Pensée du 124e jour
3 mai

Changer de vocabulaire

Changeons de vocabulaire.
Cessons de qualifier,
à tort et à travers,
les événements d'« épouvantables »,
d'« horribles »
d'« affreux »
de « graves »...
quand ils ne ponctuent, en fait,
que le cours normal de la vie.

Qualifions-les
de « contretemps »,
de « petites tuiles »,
de « légers désagréments »...
Décidons qu'ils ne sont
finalement pas très graves.
Et la vie semblera soudain plus légère.

Pensée du 125e jour
4 mai

Est-ce si grave ?

Ce qui nous semble terrible
aujourd'hui,
nous apparaîtra souvent dérisoire
demain.
Sachons alors prendre du recul,
et relativiser.

Pensée du 126e jour
5 mai

Tel le Phénix

Se relever après chaque épreuve
plus lucide,
conscient de la fragilité de la vie,
mais plus fort encore.

Tel le Phénix,
sachons renaître.

Pensée du 127e jour
6 mai

Le bonheur des autres

Faire le bonheur des autres
contribue au nôtre.
Essayons pour voir.

Pensée du 128e jour
7 mai

D'un autre ton

Et si l'on prenait la vie
sur un autre ton ?
Un ton plus léger,
plus souriant,
moins dramatique,
moins sombre...

Pensée du 129e jour
8 mai

Coloriage

Imaginons que l'on repeigne
notre vie de couleurs douces,
claires,
pastel,
un peu comme si
l'on repeignait
une pièce de son appartement.

On sentira alors le bien-être
et l'apaisement nous envahir.

Pensée du 130e jour
9 mai

Conscience

Nous trouvons toujours,
à tout moment,
des raisons de nous plaindre
sans voir que nous sommes heureux.

Et si nous cessions,
une bonne fois pour toutes,
de reconnaître le bonheur
au bruit qu'il fait en partant ?

Pensée du 131e jour
10 mai

Programmer son esprit

Au réveil, aujourd'hui,
programmons notre esprit
en mode « tout va bien ».
Décidons que tout ce qui nous arrivera
n'entamera pas notre bonne humeur.

Pensée du 132ᵉ jour
11 mai

Tout passe...

Tout passe,
tout s'enfuit
et finit par être emporté
dans l'écume des jours.

Même les moments douloureux,
les crises,
et les chagrins...

Pensée du 133e jour
12 mai

Apprentissage

Enseignons à nos enfants
l'art de trouver,
en toutes circonstances,
des solutions.

Apprenons-leur
à positiver,
à ne pas avoir peur
inutilement.

Préparons-les ainsi
à voir
l'avenir
avec confiance,
sûrs de leurs capacités.

Parlons-leur
de la beauté du monde
et des perspectives qu'il offre.
Ils auront bien le temps
de découvrir ses misères.

Pensée du 134e jour
13 mai

Pouvoir

Ne laissons pas les contrariétés
prendre le pouvoir.
N'acceptons pas qu'elles nous gâchent
toutes les autres sources de plaisirs
et de bonheur
que nous avons tous le potentiel de vivre.

Pensée du 135e jour
14 mai

L'insignifiant

Le bonheur
n'est pas aussi exigeant
que nous.
Il se contente de peu.
Un rien le réjouit.
C'est dans le détail
et l'insignifiant
que se logent
ses plus grandes sources de satisfaction
et de plénitude.

Pensée du 136e jour
15 mai

Bonne santé

Se souvenir qu'une belle santé
et une bonne constitution
sont les biens ô combien précieux
pour traverser la vie.

Nous ne sommes riches que de ça.

Pensée du 137e jour
16 mai

Se contenter de peu

Notons comme
les gens heureux
sont ceux qui savent se contenter de peu
et se satisfaire de ce qu'ils ont.

Pensée du 138e jour
17 mai

Ne pas présumer de ses forces

À quoi sert l'audace
si elle conduit à l'échec ?
Le monde est plein d'imprudents
qui se croient plus forts que les événements
et que la vie laisse sur le bord de la route.

Ne soyons pas des téméraires,
avançons prudemment.

Pensée du 139e jour
18 mai

Heureux ou pas ?

Le niveau de bonheur
et de satisfaction
dans le monde
n'a jamais été aussi haut.

Alors ?

(Source : Étude 2008 de la très sérieuse université du Michigan.)

Pensée du 140e jour
19 mai

Faire plaisir aux autres

Voir le visage illuminé
d'une personne à qui l'on fait plaisir
est sans doute l'une des plus grande joies de l'existence,
une des plus belles satisfactions personnelles
que l'on puisse ressentir.

Fabriquons notre bonheur.

Pensée du 141e jour
20 mai

Solidarité de voisinage

Profiter des beaux jours
pour poser une affichette
au bas de chez soi
et convier ses voisins
à boire un verre.
Sans motif particulier,
simplement pour le plaisir
de faire connaissance.

Créer ainsi un espace d'amitié,
autour de soi.

Pensée du 142e jour
21 mai

Tel un chêne

Ne pas sous-estimer notre capacité
à supporter et surmonter
les épreuves.
On en sort grandi,
plus fort.
Les grands chênes aussi
ont connu des tempêtes.

Pensée du 143e jour
22 mai

Clairvoyance

La sagesse
et le bien-être moral
naissent d'une compréhension juste de la réalité.
Cette forme de clairvoyance
permet d'apprécier les choses telles qu'elles sont,
et non telles que l'on voudrait qu'elles soient.

Pensée du 144e jour
23 mai

La course au davantage

Lorsque l'on cesse de s'acharner
à vouloir toujours plus
que ce que l'on a,
lorsque l'on apprend à renoncer,
on se sent mieux.

Pensée du 145e jour
24 mai

S'entraîner au bonheur

Le bonheur est comme un sport,
il se travaille tous les jours.
Plus l'on s'entraîne,
et plus l'on a de chances de l'atteindre.
Plus on se dit : « Ce n'est pas grave »,
moins les choses nous paraissent graves.
Ainsi de suite.

Et si nous commencions
notre entraînement
dès aujourd'hui ?

Pensée du 146e jour
25 mai

État d'esprit

Le bonheur est avant tout
une question d'état d'esprit.

Pensée du 147e jour
26 mai

Force morale

Savoir renaître
et se « réinventer »
après un échec.

Pensée du 148e jour
27 mai

Relaxation

Dans les périodes de stress intense,
apprenons à nous relaxer.
Sortir la tête de l'eau
fermer les yeux,
respirer à fond,
faire une pause.
Après une séance de relaxation,
les événements nous apparaissent différents.
Car ils ont moins de prise sur nous.

Pensée du 149e jour
28 mai

Changer de comportement

Nos échecs
viennent aussi
de notre obstination
à répéter des comportements
mus par la sempiternelle certitude
d'avoir raison.

Pensée du 150e jour
29 mai

S'offrir une crise... de rire

Un site Internet, Aldentelacrise.com, propose une alternative humoristique à la morosité ambiante en invitant les internautes à laisser des messages décalés et drôles sur la crise.

Quelques exemples pour nous faire sourire :

« Après la crise, le beau temps »

« La crise... de rire »

« La crise : toujours en tête de gondole »

« Faites l'amour, pas la crise »

« Crise et châtiments »

« Il est interdit de criser sur la pelouse »

« Un petit crédit pour l'homme, une grande crise pour l'humanité »

« Crise moins fort, y a le p'tit qui dort »

« J'ai vu la crise, elle m'a parlé de toi »

« T'as vu la crise ? Qu'est-ce qu'elle a grossi ! »
« Lacrise.com, déjà six milliards de visiteurs ! »

Chacun peut ainsi créer son slogan anticrise.
Et s'offrir une crise... de rire.

Pensée du 151e jour
30 mai

Opportunisme

Et si nous décidions d'exploiter la crise ?
D'en faire du commerce,
de réfléchir à de nouvelles idées,
aux besoins qu'elle va générer,
aux changements qu'elle va induire ?

Se poser ces questions,
c'est commencer à s'en sortir...

Pensée du 152e jour
31 mai

Unir nos forces

Tout seul,
on va plus vite.

Mais à plusieurs,
on va plus loin.

Pensée du 153e jour
1er juin

Merci la crise !

Merci à la crise
d'avoir réhabilité des mots
tels que :
solidarité,
moralisation,
entraide,
éco-développement,
partage des richesses...

Ce ne sont que des mots, certes,
mais c'est un début.

Pensée du 154e jour
2 juin

Progrès ?

Le grand mérite de la crise
est d'obliger l'humanité
à s'interroger sur la notion de progrès.

Un progrès
qui laisse des millions de gens dans la pauvreté,
qui détruit la planète,
qui accentue les inégalités,
qui spécule sur de l'argent fictif...
peut-il réellement prétendre en être un ?

« Le progrès a encore des progrès à faire »,
note joliment l'essayiste Philippe Meyer.

Pensée du 155e jour
3 juin

Cadeau

Aujourd'hui est un cadeau.
La preuve :
on l'appelle le présent.

Pensée du 156ᵉ jour
4 juin

Vers nos rêves

Rien, ni personne,
ne doit nous empêcher de réaliser nos rêves,
pas plus la crise
que n'importe quelle autre circonstance.

Gardons confiance.
Avançons.

Pensée du 157e jour
5 juin

Entraînement

Ne pas sombrer dans le pessimisme,
croire en des lendemains meilleurs...

Garder le moral
requiert un entraînement assidu,
pénible parfois.
Mais, si l'on persévère,
on réalise que l'effort
est de moins en moins contraignant.

Pensée du 158e jour
6 juin

Si je veux ?

Le bonheur n'est ni plus ni moins qu'une décision à prendre.

Pensée du 159e jour
7 juin

S'en sortir

Il ne sert à rien de se lamenter
quand on est tombé dans un fossé.
Mieux vaut réfléchir
à la façon de s'en sortir.

Pensée du 160e jour
8 juin

Petits tracas

L'art du bonheur,
c'est être capable de faire abstraction
de tous les petits tracas,
de toutes les amertumes
de la vie.
Et être content.

Pensée du 161e jour
9 juin

Différence

L'optimiste songe à l'effort qu'il a déjà accompli,
et s'en réjouit.
Le pessimiste pense à celui qu'il lui reste à réaliser,
et se décourage.

Pensée du 162e jour
10 juin

Matin

Chaque matin est une renaissance.
Une nouvelle page à écrire.
Une chance de réussir
ce qui a été manqué la veille.

Pensée du 163e jour
11 juin

Accomplissement

Le travail est un facteur universel de bonheur.
Toutes les études le montrent.
Il permet à l'homme de prendre sa place
dans le monde,
de se réaliser
et de contribuer,
chacun à son niveau,
au bien-être collectif.

Y penser lorsque le réveil sonnera demain matin.

Pensée du 164e jour
12 juin

Laisser-aller

Certains vont mal par paresse,
par habitude,
ou par laisser-aller.
Tant il est vrai qu'aller bien
demande parfois un effort.

Pensée du 165e jour
13 juin

Maintenant, l'avenir

Après un échec,
pourquoi attendre ?

Décider de réagir et d'agir,
là,
maintenant,
tout de suite.
L'avenir commence maintenant.

Pensée du 166e jour
14 juin

Nouvelle journée

Ouvrir les volets sur cette nouvelle journée,
en l'envisageant comme un nouveau départ,
une nouvelle vie
de vingt-quatre heures,
où tout serait possible.

Pensée du 167e jour
15 juin

Professeurs

Nos échecs sont nos professeurs dans l'existence.
Leur leçon est parfois difficile.
Mais nous devons l'apprendre
pour nous donner une chance de progresser.

Pensée du 168e jour
16 juin

Chefs-d'œuvre

Sur des tableaux ratés,
de grands artistes ont peint des chefs-d'œuvre.

Quelles que soient les réalisations de notre passé,
il nous est toujours possible de faire mieux.
Beaucoup mieux.

Pensée du 169e jour
17 juin

Pourquoi tant de tristesse ?

Cessons d'être tristes pour peu de choses,
voire même pour rien.
Cessons de nous plaindre pour un oui,
pour un non,
de maugréer,
de nous complaire dans la morosité.

Pensée du 170e jour
18 juin

Éphémère

Rien ne dure,
tout passe,
tout change,
ainsi va la vie.
Mais n'oublions pas que les difficultés d'aujourd'hui,
aussi rudes soient-elles,
ne sont que provisoires.

Pensée du 171e jour
19 juin

Les bénéfices de l'effort

Un effort,
même minime,
est toujours une victoire sur nous-mêmes,
et sur ce que l'on pensait
être nos propres limites.

Un effort
rapporte souvent beaucoup plus
que ce qu'il ne coûte.

Pensée du 172e jour
20 juin

Rêver ou vivre ?

Il y a ceux qui rêvent leur vie
et ceux qui la vivent.

À quelle catégorie
voulons-nous appartenir ?

CONTE DE L'ÉTÉ

Le chevrier et les chèvres sauvages

« Un chevrier, qui menait paître ses chèvres, s'aperçut que des chèvres sauvages s'étaient jointes à son troupeau.

« Au soir, il entreprit de les mener toutes à sa grotte. Le lendemain, comme une violente tempête l'empêchait de conduire les bêtes, comme de coutume, au pacage, il prit soin d'elles dans la grotte. À celles qu'il possédait, il accorda tout juste de quoi ne pas souffrir de la faim. Aux chèvres étrangères, il offrit une ration plus conséquente, dans l'intention de se les approprier.

« Lorsque le beau temps fut revenu, il les mena toutes au pâturage. Les chèvres sauvages gagnèrent alors les hauteurs et s'enfuirent. Comme il leur reprochait leur ingratitude, elles qui l'abandonnaient après avoir joui d'un traitement de faveur, les chèvres se retournèrent et lui firent cette réponse : "Raison de plus pour rester sur nos gardes : car si tu nous as préférées à ton troupeau de toujours, nous que tu ne connaissais que d'hier, il est clair que si de nouvelles chèvres viennent se joindre à toi, tu feras plus grand cas d'elles que de nous." »

Fable attribuée à Ésope.

La fable montre qu'il ne faut pas nous réjouir de l'amitié d'individus qui nous préfèrent, nous les derniers venus, à leurs anciens amis.

Songeons qu'avec le temps, s'ils viennent à lier de nouvelles amitiés, ils ne feront plus grand cas de la nôtre.

Pensée du 173e jour
21 juin

Définition

Un homme
n'est finalement
que la somme de ses actes.

Pensée du 174e jour
22 juin

Riche

Quand rien ne va,
quand les difficultés s'accumulent,
quand l'argent vient à manquer...
compter, chaque matin,
les choses précieuses que l'on possède,
celles que l'argent ne peut acheter.

Pensée du 175e jour
23 juin

Se valoriser

Cessons de nous blâmer nous-mêmes,
de nous dévaloriser,
de nous juger,
de nous punir.

Apprenons plutôt
à nous aimer,
à nous féliciter de nos succès
au lieu d'être sans cesse
insatisfaits de nous-mêmes.

Pensée du 176e jour
24 juin

Choisir vraiment

Lorsqu'on a fait un choix,
on perd souvent plus de temps à regretter
l'option sacrifiée
qu'à apprécier
celle que l'on a choisie.

Pensée du 177e jour
25 juin

Bouger

Lorsqu'on décide de bouger,
tout bouge autour de nous,
comme par enchantement.

Pensée du 178e jour
26 juin

Semer

Il faut semer pour récolter,
dit le proverbe.
Et nous,
qu'avons-nous semé aujourd'hui
pour notre avenir ?

Pensée du 179e jour
27 juin

Méthode

Se donner des objectifs.
Les noter.
Mettre au point une méthode
et s'y tenir.
Progresser lentement,
mais sûrement.
Aller, étape après étape,
avec persévérance.
Et ne jamais se coucher
sans avoir réalisé
l'une de ces étapes
ou, au moins,
une action pour s'en approcher.

Pensée du 180e jour
28 juin

Doux avec nos proches

Et si nous cessions de rendre malheureuses
les personnes que nous sommes censés
aimer le plus ?

Pensée du 181e jour
29 juin

Garder la maîtrise

Ne pas abandonner son destin
au hasard des circonstances,
du contexte,
ou de l'environnement.

Se prendre en main soi-même,
quelles que soient les difficultés.
Rien n'est impossible
à qui se fait confiance
en dépit des contingences.

Pensée du 182e jour
30 juin

Ne pas renoncer

Se décourager,
parfois.
Ralentir,
un peu.
Renoncer,
jamais.

Pas avant d'avoir tout mis en œuvre
pour atteindre son objectif.

Pensée du 183e jour
1er juillet

Vision

Avoir une vision claire de sa vie.
La rêver.
La dessiner.
La visualiser.
Puis agir.

Pensée du 184e jour
2 juillet

Ce que nous voulons devenir

Lorsque l'on se comporte
comme la personne
que l'on souhaite devenir,
on finit par devenir
cette personne.

Pensée du 185e jour
3 juillet

Contre-courant

Lorsque nous ramons
dans un environnement chaotique,
complexe,
difficile,
nous devenons plus résistants,
plus solides,
et renforçons nos défenses.

Nous serons ainsi mieux armés
pour naviguer en eaux calmes.

Pensée du 186e jour
4 juillet

Courir ou stagner ?

L'eau courante est vive et claire.
L'eau stagnante est croupie et triste.

Transposons cette image à
notre vie.
Sommes-nous une eau vive
ou une eau stagnante ?

Pensée du 187e jour
5 juillet

En conformité

Mettre nos actes en conformité
avec l'idée
que nous nous faisons
de nous-mêmes.

Pensée du 188e jour
6 juillet

L'avenir, c'est maintenant

L'avenir
se prépare aujourd'hui,
avec constance et détermination.

Pensée du 189e jour
7 juillet

Calmes

Dans la tempête,
les bons marins
gardent les yeux sur le compas
pour ne pas perdre la direction
et pour regagner les eaux calmes
dès que possible.

Pensée du 190e jour
8 juillet

Face à nos responsabilités

Inutile de fuir nos responsabilités,
ou d'essayer d'y échapper
par quelque artifice que ce soit.
Elles finissent toujours par nous rattraper.

Pensée du 191e jour
9 juillet

Ne pas être négligent

Une dette finit toujours
par se rappeler à notre bon souvenir.
Souvent au plus mauvais moment.
L'on regrette alors d'avoir été négligent,
et de ne pas nous en être acquitté
quand nous pouvions le faire.

Pensée du 192e jour
10 juillet

Tirer les leçons

Ne pas se décourager
et se souvenir
que les petites défaites
font parfois le lit des grandes victoires.

Pensée du 193e jour
11 juillet

Destinée

Une seule personne peut nous empêcher
d'atteindre l'objectif
que nous nous sommes fixé :
nous.

Pensée du 194e jour
12 juillet

S'épargner les remords

Pardonnons,
ne restons pas fâchés pour un rien,
la vie est si fragile.
On ne sait jamais ce qui peut arriver,
ne prenons alors pas le risque
de porter des remords éternels.

Pensée du 195e jour
13 juillet

Pas les seuls

Quoi que nous ressentions,
nous ne sommes pas les seuls à l'éprouver.

Pensée du 196e jour
14 juillet

Nouvelles idées

En période de crise,
quand tout change,
se souvenir
que les nouvelles idées
les plus iconoclastes
seront celles
qui feront avancer le monde.

Pensée du 197e jour
15 juillet

Force régénératrice

Ceux qui se sortent le mieux
de situations délicates,
ou d'impasses professionnelles,
sont en général
des personnalités toniques,
dotées d'une force régénératrice
qui leur permet de rebondir
et de se réinventer après l'échec.

N'hésitons pas
à les prendre pour modèle
et à s'inspirer de leur attitude.

Pensée du 198e jour
16 juillet

Quête infinie

Nous avons tout
et nous passons notre temps
à vouloir davantage !

Pensée du 199e jour
17 juillet

Inutiles

Les crises nous aident à comprendre
que nous pouvons aisément
restreindre nos besoins
et nous passer de bien des choses
qui nous paraissaient, jusque-là,
indispensables.

Pensée du 200e jour
18 juillet

Vrais amis

Quand on perd
un peu de son aisance matérielle
et le prestige qui va avec,
on reconnaît alors ses vrais amis.

Pensée du 201e jour
19 juillet

Ceux qui restent dans la tempête

Dans la tempête,
les vrais amis
sont ceux qui nous aident à ramer,
à réduire la voilure
et à revenir sains et saufs à bon port.

Défions-nous de ceux qui font des promesses
et se contentent de nous attendre
à l'abri, sur le rivage.

Pensée du 202e jour
20 juillet

Calmer le jeu

En période de crise,
mieux vaut être celui qui calme le jeu,
plutôt que celui qui attise les flammes.

Pensée du 203e jour
21 juillet

En harmonie avec soi

Ma façon de vivre au quotidien
est-elle en harmonie
avec ce que je veux véritablement faire de ma vie ?
Lorsqu'on se pose cette question,
c'est que l'on est enfin prêt
à changer de comportement
pour aller vers une vie différente :
sa véritable vie.

Pensée du 204e jour
22 juillet

Avançons

Déterminer chaque matin
la priorité de la journée.
Et ne pas se coucher
sans l'avoir accomplie.
Avancer ainsi
peu à peu
vers ses objectifs.
Quels que soient les événements
ou les circonstances
susceptibles de se mettre en travers de notre route.
Avançons...

Pensée du 205e jour
23 juillet

Positif envers et contre tout

Qu'importent la météo,
les perspectives économiques peu réjouissantes,
les mauvaises nouvelles,
les embouteillages
et tout le reste...

Décidons d'être positifs,
décrétons qu'aujourd'hui sera une belle journée.
Elle aura alors de fortes chances de l'être.

Pensée du 206e jour
24 juillet

Heureux ou malheureux ?

Pourquoi faut-il qu'il y ait une catastrophe,
un tremblement de terre,
un attentat,
ou n'importe quelle autre calamité
quelque part dans le monde,
pour nous aider à réaliser
que nous ne sommes finalement
pas si malheureux ?

Pensée du 207e jour
25 juillet

Bonnes vacances, la crise !

Pendant mes vacances d'été,
j'ai donné congé à la crise.

Pensée du 208e jour
26 juillet

Demain sera un autre jour

Ce qui nous contrarie ce matin
est-il de nature à bouleverser
le cours de notre vie ?
Est-ce vraiment un malheur insurmontable ?
Non ?

Alors relativisons.
Demain sera un autre jour.

Pensée du 209e jour
27 juillet

Ceux que l'on aime

Quels que soient les tracas de notre vie,
ne négligeons pas ceux que nous aimons.
Ils sont là, eux,
avec leur amour
et leur confiance en nous.
Ne leur faisons pas porter
le poids de nos échecs.
Évitons de leur faire subir
notre mauvaise humeur.

Quand les temps sont durs,
ceux qui nous aiment
sont notre véritable richesse.

Que deviendrions-nous
si nous les perdions ?

Pensée du 210e jour
28 juillet

Logique

Quand nous touchons
le fond de la piscine,
une simple poussée des pieds
nous ramène à l'air libre.

Ainsi, quand tout va mal,
tout ne pourra qu'aller mieux ensuite.

Pensée du 211e jour
29 juillet

Après l'orage

Après un orage,
la nature semble rincée,
l'atmosphère purifiée,
rafraîchie...
On comprend alors que cette tourmente météo-rologique
était nécessaire pour laver l'atmosphère...
La rendre plus douce
et repartir du bon pied.

Pensée du 212e jour
30 juillet

Pourquoi attendre ?

Pourquoi remettre à plus tard
la possibilité d'être heureux ?

Pensée du 213e jour
31 juillet

Opportunisme

Soyons calculateurs.
Parfois,
il peut être stratégiquement habile
d'attendre ou de reculer d'un pas
pour reprendre l'avantage
un peu plus tard.

Pensée du 214e jour
1er août

Stratégie

Quand les événements nous échappent
faisons mine de les avoir organisés, disait Talleyrand.

Pensée du 215e jour
2 août

Pour ne rien regretter

De manière générale,
les choses que l'on regrette le plus souvent
sont celles que l'on n'a pas accomplies.

Pensée du 216e jour
3 août

Conscience en veille

L'histoire récente vient de nous montrer
que, quand la conscience ne veille pas,
on s'expose aux folies
et aux plus grands dangers.

Pensée du 217e jour
4 août

À temps

Accomplir les choses, dès que possible,
permet de gagner un temps précieux,
et de rester serein.

Pensée du 218e jour
5 août

Enseignements

Aussi brutales,
violentes et injustes
soient-elles,
les tempêtes sont riches d’enseignements.

Pensée du 219e jour
6 août

Peu vaut mieux que rien

Donner peu
est toujours mieux
que ne rien donner du tout.

Pensée du 220e jour
7 août

Ennemi

Souvenons-nous que nous sommes parfois,
et même souvent,
notre pire ennemi.

Pensée du 221e jour
8 août

Faute avouée...

J'ai abandonné la crise au bord d'une route.
Je l'ai attachée à un arbre
et j'ai redémarré,
en évitant de la regarder
dans le rétroviseur
pour ne pas avoir de remords.
Je n'en suis pas fier,
mais c'était le seul moyen
de m'en débarrasser.

Pensée du 222e jour
9 août

Possible...

Tout est possible.
Aucune épreuve
n'est insurmontable.

Pensée du 223e jour
10 août

Coopération

L'altruisme et la solidarité
peuvent soulever des montagnes.
Ne restons pas seuls.
La coopération et l'entraide
sont de prodigieuses stratégies de survie.

Pensée du 224e jour
11 août

S'accrocher

On a vu des marins
gagner un tour du monde
malgré les avaries,
des champions de tennis
remporter des matchs
après bien des sets perdus,
des entrepreneurs
faire fortune
après une faillite,
des femmes
avoir un enfant
après plusieurs fausses couches,
des malades
se relever
après s'être crus perdus.

Chaque réussite,
chaque chemin de vie,
cache son lot d'échecs
et de persévérance.

Pensée du 225e jour
12 août

Récompense

Le succès récompense toujours
l'obstination
et l'opiniâtreté.

Pensée du 226e jour
13 août

Vivre après

Après le décès d'un proche,
on ressent parfois la nécessité
d'accélérer la marche de notre vie,
d'aller plus vite vers ce qui nous tient à cœur.
Comme si en partant
le défunt nous avait transmis l'énergie
qui l'abandonnait.

Nous réalisons alors l'urgence
qu'il y a à nous réaliser.

Aussi paradoxal que cela puisse paraître,
loin de nous anéantir,
la perte d'un être cher nous renforce.
Et c'est en pensant à lui

que nous remporterons ensuite
nos plus belles victoires.

C'est à lui que nous les dédierons.
Lui que nous remercierons.

Pensée du 227e jour
14 août

De zéro...

Comme avec son ordinateur,
faire Pomme Z,
effacer les mauvais souvenirs,
les personnes d'influence négative...
Repartir de zéro,
sur une page blanche.

Une nouvelle journée commence.

Pensée du 228e jour
15 août

S'aider

L'entraide est un facteur déterminant
dans le succès de toute entreprise humaine.

Pensée du 229e jour
16 août

Ultime insolence

Un éclat de rire
c'est un grand « merde » à la face du monde.
C'est une réponse aux drames.
C'est affirmer avec insolence :
« Moi, vous ne m'aurez pas ! »

Pensée du 230e jour
17 août

Jours de sécheresse

De même que l'on reconnaît une bonne source
les jours de sécheresse,
on reconnaît un véritable ami
au moment de l'adversité.

Pensée du 231e jour
18 août

Croire en ses possibilités

L'autopersuasion est un exercice mental
dont on sous-estime trop souvent l'importance :
en effet,
pour espérer gagner,
il faut se convaincre chaque jour
qu'on en a la possibilité.

Pensée du 232e jour
19 août

Ce que l'on est

Tôt ou tard,
on devient ce que l'on a fait.

Pensée du 233e jour
20 août

Combien de fois

Demander à ceux qui ont réussi
combien de fois
ils ont dû s'y reprendre
pour parvenir à leurs fins.

Pensée du 234e jour
21 août

Mêmes causes, mêmes effets

Les mêmes causes
produisent toujours les mêmes effets.
Ainsi, si nous ne changeons pas,
les résultats ne changeront pas non plus.

Pensée du 235e jour
22 août

Se contenter de ce que l'on a

Les périodes de crise,
il n'y a pas de meilleur moment
pour se rappeler que le bonheur consiste
à se contenter de ce que l'on a
et à oublier, pour un temps,
ce que l'on voudrait.

Pensée du 236e jour
23 août

Histoire

Il était une fois
un monde fou
où les biens n'appartenaient plus aux hommes,
mais où les hommes appartenaient à leurs biens,
au point d'en être devenus les esclaves.

Il était temps que celle folie s'arrête.

Pensée du 237e jour
24 août

Idées farfelues

Quand le monde change,
quand les repères qui étaient les nôtres jusque-là
ne sont plus les bons,
lorsque nos certitudes sont balayées,
lorsque tout est à réinventer,
se souvenir que ce sont les idées les plus originales
et en apparence les plus farfelues
qui ont fait bouger l'humanité.

Pensée du 238e jour
25 août

L'ignorance des audacieux

Ils ne savaient pas que c'était impossible,
alors, ils l'ont fait.

Pensée du 239e jour
26 août

Multiplier les énergies

Les autres ont un potentiel,
une énergie,
des réflexions
qui peuvent se révéler complémentaires aux nôtres.
Ne nous enfermons donc pas
avec nos plans
et nos désirs secrets.
Partageons-les
avec des personnes de confiance.

Pensée du 240e jour
27 août

L'espoir encore

L'espoir
est une minuscule chandelle
que l'optimiste entretient avec soin
et que le pessimiste s'obstine à vouloir éteindre.

Pensée du 241e jour
28 août

L'inconnu

Par les temps qui courent,
nous avons davantage besoin d'amis
que d'ennemis.
Ne considérons pas un inconnu
comme un intrus
ou comme un ennemi en puissance.
L'envisager comme un ami,
et se comporter avec lui comme tel.

Pensée du 242e jour
29 août

L'art du calme

Les choses importantes doivent
être accomplies calmement.

Pensée du 243e jour
30 août

Intelligence

Accepter de changer est sans doute la plus grande preuve d'intelligence.

Pensée du 244e jour
31 août

Plus fort

Ce qui ne nous tue pas, nous rend plus fort.
Garder en tête ce précepte
pour rester optimistes
et nous donner du courage
dans les épreuves que nous traversons.

Pensée du 245e jour
1er septembre

De l'art de se dominer

Dominer sa colère
et remporter ainsi
une victoire sur soi-même.

Pensée du 246e jour
2 septembre

Le poids de nos actes

Chaque décision que nous prenons
est la résultante de la précédente.
La suivante sera sans doute
la conséquence de celle
que nous prenons aujourd'hui.
Alors réfléchissons au poids de nos actes.

Pensée du 247e jour
3 septembre

Conflits intérieurs

Lorsqu'on est en guerre avec tout le monde,
lorsqu'on se dispute,
et qu'on se fâche,
c'est d'abord contre soi
que l'on est en colère.

Cherchons alors en nous
l'origine des batailles
que nous livrons aux autres.

Pensée du 248e jour
4 septembre

À l'aide !

Taper aux portes,
demander de l'aide,
des conseils,
du soutien.
Il n'y a pas de honte
à faire savoir
que l'on est en difficulté.

Et constater
que des énergies bienveillantes
se mobilisent pour nous réconforter.
Et pas forcément
celles que l'on attendait, d'ailleurs.

Pensée du 249e jour
5 septembre

Échouer avant de réussir

Tout ce que l'on réussit aujourd'hui,
on a commencé par le rater un jour.

Pensée du 250e jour
6 septembre

Non à l'immobilisme !

Il ne faut pas craindre
de se tromper,
mais redouter seulement
de ne rien faire.

Pensée du 251e jour
7 septembre

Par la fenêtre

Lorsqu'une porte se ferme,
ne pas se décourager.
Observer attentivement l'alentour :
une fenêtre peut toujours s'ouvrir.

Pensée du 252e jour
8 septembre

Acteurs et non spectateurs

Il y a mille et une occasions
d'être utile,
même quand on a le sentiment
de ne rien savoir faire.

Chacun peut, à son niveau,
agir pour les autres.
Aider une vieille dame à traverser la rue,
proposer à un voisin âgé de faire ses courses,
partager une voiture, pour limiter les frais,
aider un jeune à rédiger son CV,
offrir des vêtements que l'on ne porte plus,
des jouets aux plus défavorisés.
Participer au nettoyage de printemps...
Et réaliser à quel point
on est satisfait de soi.

Il suffit de commencer
pour comprendre
combien l'altruisme rend heureux.

Pensée du 253e jour
9 septembre

Trahison

Quand un ami trahit,
manque à sa parole,
fait défaut là où nous l'attendions,
ce n'est pas à lui qu'il faut en vouloir.
Mais à nous.

À notre manque de discernement.

Pensée du 254e jour
10 septembre

La faute à Voltaire

Méditer cette superbe phrase de sagesse
attribuée à Voltaire :
« Le bonheur est souvent la seule chose
qu'on puisse donner sans l'avoir,
et c'est en le donnant qu'on l'acquiert. »

Pensée du 255e jour
11 septembre

Différent

Affirmer sa différence.
Ne pas avoir honte de son originalité.
Sortir des sentiers battus.
Et faire entendre aux autres
sa petite musique intérieure.

Pensée du 256e jour
12 septembre

Apprécier...

Apprécions ce qui a été accompli
au lieu de nous focaliser sur ce qui reste à faire.

Pensée du 257e jour
13 septembre

Y croire encore

Se relever après le chaos,
continuer d'avancer.
Et se dire
que le pire est derrière soi.

Pensée du 258e jour
14 septembre

Solaires

Soyons malins, rapides, inventifs.
Soyons curieux, ouverts, à l'affût.
Soyons optimistes, énergiques, positifs.
Soyons audacieux, déterminés, persévérants.
Soyons gais, souriants, contents.

Soyons ces êtres solaires
à qui tout semble réussir.
Et nous réussirons alors, nous aussi.

Pensée du 259e jour
15 septembre

Semailles

Nul ne peut prétendre récolter
ce qu'il n'a pas semé.

Pensée du 260e jour
16 septembre

De l'art d'en rire

Rire,
envers et contre tout.

Pensée du 261e jour
17 septembre

Entraide

Pour surmonter les difficultés,
ne pas rester seul,
enfermé,
prostré,
angoissé.
Ouvrir sa porte.
Tendre la main.
Demander de l'aide
et offrir la sienne.
La solidarité,
la générosité,
le partage
sont des valeurs de réconfort.
Elles redonnent espoir,
aident à relativiser,

et nous rappellent
que nous ne sommes pas seuls
dans l'adversité.

Pensée du 262e jour
18 septembre

Fuir l'aigreur

Accepter que la vie soit comme elle est,
avec ses hauts,
ses bas,
ses injustices
et ses lots de déceptions.
Le monde est ainsi fait.
Ne perdons pas espoir,
ne devenons pas cyniques ou amers.
Fuyons l'aigreur et le ressentiment,
ces poisons de l'âme.

Pensée du 263e jour
19 septembre

Ce que l'on a à faire

Dans un contexte difficile,
agissons pour le mieux,
avec sincérité,
sans se leurrer
ou attendre de miracle.
Puis passons à autre chose.

Pensée du 264e jour
20 septembre

Chance

Ne pas miser sur la chance,
ou attendre qu'elle tombe du ciel.
Elle s'offre toujours à ceux
qui se sont donné les moyens d'en avoir.
C'est sa façon à elle de les encourager
ou de les féliciter de leurs efforts.

CONTE DE L'AUTOMNE

L'âne, le renard et le lion

« Après avoir conclu un accord, l'âne et le renard étaient sortis chasser.

« Or un lion croisa leur chemin.

« Le renard, devant l'imminence du danger, s'approcha du lion et s'engagea, en échange de son immunité, à lui livrer l'âne.

« Le lion lui promit la liberté ; le renard attira donc l'âne dans un piège où il le fit tomber.

« Alors le lion, voyant que l'âne ne pouvait lui échapper, s'empara du renard avant de se retourner contre l'âne.

« De même, à tramer la perte de ses associés, l'on cause souvent la sienne sans s'en douter. »

Fable attribuée à Ésope.

Pensée du 265e jour
21 septembre

Attention

Remettre son destin à la chance,
c'est s'exposer à échouer.
Remettre son destin à son travail,
c'est s'exposer à réussir.

Pensée du 266e jour
22 septembre

Le début

Même le pianiste virtuose
a commencé, un jour,
par apprendre le solfège.

Pensée du 267e jour
23 septembre

Poursuivre l'effort

Apprendre à prolonger l'effort,
sans en attendre forcément
de bénéfice immédiat.
Même si l'on pense parfois
que cela ne sert à rien.

Aucun effort n'est perdu.
Un jour
on se rendra compte
qu'il n'était pas vain.
Et l'on sera heureux
de s'être donné tant de peine.

Pensée du 268e jour
24 septembre

Temps perdu ?

Si l'on traverse une période d'inactivité,
ne pas se lamenter,
ne pas déprimer.
En profiter pour mettre de l'ordre dans ses idées,
évaluer ses points forts,
ses points faibles,
tirer la leçon de ses erreurs.
Réfléchir à la façon dont on va rebondir,
planifier ses projets,
optimiser ainsi chaque journée,
afin que ce temps libre
ne devienne pas du temps perdu.

Les meilleurs plans d'avenir
se dessinent
dans les périodes d'accalmie.

Pensée du 269e jour
25 septembre

Fausse respectabilité

Ne pas se fier aux apparences :
l'histoire récente vient de montrer
que des gens prétendument respectables
ne l'étaient, en fait, pas du tout.

Pensée du 270e jour
26 septembre

Ouvrir les yeux

La dureté de certaines épreuves
nous rappelle
que nous étions heureux jusqu'alors.
Pourtant
nous n'étions pas capables
de nous en rendre compte.

Pensée du 271e jour
27 septembre

Oui, le monde change

Certains s'inquiètent
de ce que le monde
ne redeviendra peut-être pas
« comme avant ».
Et alors ?
Faut-il réellement s'en plaindre ?

Pensée du 272e jour
28 septembre

Paroles, paroles...

Il faut cesser de « vouloir » agir,
mais agir,
maintenant.

Pensée du 273e jour
29 septembre

Quand tout a été fait

Lorsqu'on a fait tout ce qui était possible
pour obtenir ou réaliser un projet
et que l'on a échoué,
il n'y a rien à regretter.
C'est qu'il devait en être ainsi.

Pensée du 274e jour
30 septembre

Pour les autres

Nous attendons généralement beaucoup des autres, mais nous nous posons moins souvent la question de ce que nous pourrions faire pour eux.

Pensée du 275e jour
1er octobre

S'évader

Quand rien ne va comme l'on voudrait,
quand les soucis semblent s'être donné rendez-vous
au-dessus de notre tête,
faire une pause,
décrocher,
lâcher prise,
s'évader en pensée,
un instant.
Comme si tout cela n'avait pas d'importance.

Pensée du 276e jour
2 octobre

À notre place ?

Personne ne peut décider d'être heureux à notre place.

Pensée du 277e jour
3 octobre

Ranger

Ce n'est pas parce que le monde est en plein chaos
qu'il faut laisser s'installer le chaos autour de soi.
Même si certains affirment
que les gens désordonnés
sont aussi les plus créatifs,
un désordre excessif
engendre la confusion de l'esprit
et tend à développer l'agressivité.

Pensée du 278e jour
4 octobre

Le tout pour le tout

C'est décidé, ce matin, j'ose !
Je prendrai des risques,
je serai audacieux,
je réaliserai ce qui me tient à cœur...
Qu'ai-je à perdre ?

Ce matin,
j'ai décidé que le bonheur n'attendrait plus.

Pensée du 279e jour
5 octobre

Bien commun

Le développement durable est à la mode.
Faire un geste pour la planète,
même tout petit,
c'est œuvrer pour le bien commun.

Pensée du 280e jour
6 octobre

Bonheur enfui

Les accidents de l'existence
viennent aussi nous rappeler
que la vie était jolie,
mais que nous ne savions pas le voir.

Pourquoi faut-il
que l'on reconnaisse le bonheur
au fracas qu'il fait en partant ?

Pensée du 281e jour
7 octobre

Stop à la crise

Ce matin,
dire halte à la morosité,
à la déprime
et à toutes les mauvaises nouvelles.
La crise,
faut savoir lui rabattre son caquet parfois.
Non, mais !

Pensée du 282e jour
8 octobre

Bon pour le moral

Ras le bol d'entendre les nouvelles
tristes et déprimantes à la radio.
Se brancher sur une autre FM
et danser une salsa endiablée
juste avant de prendre son petit déjeuner.
Et puis une autre, juste après.
« C'est bon pour le moral... »

Pensée du 283e jour
9 octobre

Simplifier

En cas de doute,
aller vers les choses simples.
Nous avons trop tendance
à nous compliquer l'existence.
Revenons aux fondamentaux
et tout s'éclairera.

Pensée du 284e jour
10 octobre

Éternel insatisfait

Pourquoi,
dès qu'il a obtenu ce qu'il voulait,
l'homme prend-il aussitôt
un malin plaisir à s'en plaindre ?

Pensée du 285e jour
11 octobre

Écrire le roman de sa vie

Chaque journée qui commence
est une page vierge.
Nous avons cette incroyable liberté d'écrire
chaque matin
ce que nous voulons.
Il n'appartient qu'à nous de décider
de réussir cette journée
quels que soient nos contraintes,
nos difficultés,
nos soucis.

Pensée du 286e jour
12 octobre

Foi en l'avenir

Faire l'amour,
faire des enfants,
des projets,
planter un arbre...
Et marquer ainsi
notre espoir et notre confiance en l'avenir.

Pensée du 287e jour
13 octobre

Poussière de temps

« Les années et les mois n'attendent personne »,
dit ce proverbe chinois plein de sagesse.
C'est en effet maintenant qu'il faut agir
pour réussir notre vie
et entreprendre les projets
qui nous tiennent à cœur.

Pensée du 288e jour
14 octobre

De la nécessité de se détendre

Quelles que soient les urgences,
apprendre à se détendre.
On ne fait rien de bon dans le stress
et la tension permanente.

Pensée du 289e jour
15 octobre

Entretenir son corps

Entretenir son corps,
le respecter,
le soigner.
L'« état » du corps en dit souvent long sur l'« état » d'esprit.

Pensée du 290e jour
16 octobre

Abus de pouvoir

Nous avons le pouvoir de rendre heureux
quelqu'un d'autre.
C'est l'une des plus grandes satisfactions de la vie.
Il est bon d'en user et d'en abuser.

Pensée du 291e jour
17 octobre

Désamorcer les conflits

Accepter de baisser la garde,
reconnaître ses torts,
être le premier à proposer une solution...
Ne pas laisser un conflit ou un malentendu
prendre des proportions démesurées
et gâcher inutilement
une journée qui pourrait être douce et belle.

Pensée du 292e jour
18 octobre

Retour vers l'enfance

Oublions le contexte et nos soucis.
Apprenons à nous amuser d'un rien
et à jouir de moments d'insouciance
qui nous ramènent si près de l'enfance.

Pensée du 293e jour
19 octobre

Un pas, encore un pas

Se fixer un objectif
et faire chaque jour
quelque chose pour s'en rapprocher.
Et aujourd'hui déjà,
et aujourd'hui encore.

Pensée du 294e jour
20 octobre

Tenir ses promesses

En cette période
où nous avons
plus que jamais
besoin les uns des autres,
prenons garde à tenir nos promesses.
Un « oui » jamais tenu
occasionne bien plus de dégâts
que mille « non ».

Pensée du 295e jour
21 octobre

Quand la santé va...

Certes il y a mille raisons
de se faire du souci,
de s'inquiéter pour l'avenir.
Mais ne perdons pas de vue
que si l'on a la santé,
on est déjà très heureux.

Pensée du 296e jour
22 octobre

Recharger nos batteries

Visualiser les moments heureux de notre vie et se charger de leur énergie positive.

Pensée du 297e jour
23 octobre

Triste nouvelle

Ce n'est pas facile à annoncer :
la crise nous a quittés hier matin brutalement.
Depuis quelques mois, elle était bien affaiblie.
Puis son état s'est brusquement dégradé
mais de là à ce que ça aille si vite...

Il va falloir apprendre à vivre sans elle maintenant.

Pensée du 298e jour
24 octobre

Pansements de l'âme

Une simple parole
peut faire beaucoup de bien
à qui est dans la souffrance
ou la difficulté.

Les mots ont un pouvoir réconfortant
et salvateur.
Ils peuvent être les pansements de l'âme.

Pensée du 299e jour
25 octobre

Roseau

Soyons comme le roseau de la fable,
qui plie,
mais ne rompt pas.

Pensée du 300e jour
26 octobre

Réponse

La meilleure réponse à apporter
aux événements sombres de l'existence
est de rester optimiste
et de vivre le mieux possible,
envers et contre tout.

Pensée du 301e jour
27 octobre

La seule richesse

Dans les affres et les tourments,
n'oublions pas
que notre famille
et notre amour
restent nos plus indéfectibles soutiens :
notre plus grande richesse.

Pensée du 302e jour
28 octobre

Devoir

La mort d'un parent ou d'un proche
devrait nous imposer le devoir d'être heureux,
en hommage à celui qui vient de nous quitter.

Pensée du 303e jour
29 octobre

Mieux avant ?

Ne pas noircir l'avenir de ses enfants
en leur répétant « c'était mieux avant ».
Nous risquons de les angoisser inutilement
avec cette fausse assertion.

Ce n'était pas « mieux avant »,
c'était « différent ».

Laissons aux générations futures
le soin de bâtir le monde dans lequel elles vivront.
Chaque époque apporte son lot
de progrès et de catastrophes.
De tout temps, les hommes ont su se réinventer.
Nos enfants vivront dans un autre monde,
il ne sera pas moins bien

que le nôtre.
Et qui sait ?
Peut-être même plus beau...

Pensée du 304e jour
30 octobre

Unir nos forces

Se souvenir que face à une difficulté,
nous sommes souvent
plus intelligents à plusieurs
que tout seul.

Pensée du 305e jour
31 octobre

Bâtisseurs

S'il n'y a pas de bâtisseurs,
il n'y a pas de maison.
Derrière toute réussite,
il y a un projet
et une volonté.

Pensée du 306e jour
1er novembre

Jour après jour

Construire, jour après jour,
notre avenir,
selon l'image
que l'on se fait de lui.

Pensée du 307e jour
2 novembre

Pluie ?

Tout n'est qu'une question de point de vue.
Ainsi, lorsqu'il pleut,
nous avons le choix entre nous lamenter
sur le mauvais temps,
ou nous féliciter de ce que la nature
soit irriguée.

Pensée du 308e jour
3 novembre

Destin

Quelle que soit notre humeur,
quelles que soient les nouvelles,
bonnes ou mauvaises,
nous avons le pouvoir
de choisir,
de décider,
d'accepter,
de refuser,
de changer,
de pardonner,
d'aimer,
d'accepter...

Pensée du 309e jour
4 novembre

Chaque chose en son temps

Ne pas faire plusieurs choses à la fois,
savoir partager son temps,
c'est savoir vivre.

Pensée du 310e jour
5 novembre

Le poids des actes

Seuls nos actes parlent en notre nom,
et ce qu'ils disent de nous est la vérité.
Que cela nous plaise ou pas.

Pensée du 311e jour
6 novembre

Paroles, paroles...

Parler est toujours plus facile qu'agir.
Et cela « ne fait pas cuire le riz »,
disent très justement les Chinois.

Pensée du 312e jour
7 novembre

La possibilité du pire

Le pire est toujours possible, hélas,
c'est donc aujourd'hui
qu'il faut être heureux.

Pensée du 313e jour
8 novembre

Couleur

Porter de la couleur
pour opposer une résistance
à la grisaille ambiante,
et afficher résolument un état d'esprit positif.

Pensée du 314e jour
9 novembre

Coup de sifflet

Achetons un sifflet.
Et sifflons...
Pour décréter, là, maintenant,
cinq minutes de bonne humeur.

Pensée du 315e jour
10 novembre

Le prix du progrès

Chaque prise de conscience est douloureuse.
C'est cependant le prix à payer pour progresser.

Pensée du 316e jour
11 novembre

Qui trop embrasse

Cesser de vouloir tout faire
en prétendant tout réussir.
On connaît l'adage :
« Qui trop embrasse,
mal étreint. »

En d'autres termes,
réaliser moins de choses,
mais les faire bien.

Pensée du 317e jour
12 novembre

Modérer ses attentes

Modérons nos désirs
et nos attentes.
Plus on espère,
plus on s'expose à la frustration
et à la déception.

Pensée du 318e jour
13 novembre

Demander de l'aide

Oublions notre orgueil mal placé,
la peur de déranger
ou celle de nous dévaloriser
aux yeux d'autrui.

Parfois,
il faut avoir l'humilité
et le courage
de demander de l'aide
à ceux qui savent entendre.

Pensée du 319e jour
14 novembre

Automédication

Les Chinois ont coutume de dire
que sourire trois fois par jour
rend inutile tout médicament.
Essayons !

Pensée du 320e jour
15 novembre

De la mesure

Agir de façon à n'avoir jamais honte de ce que l'on fait.
Parler de façon à ne jamais regretter ce que l'on dit.
Une parole ou un acte malheureux
laissent des traces indélébiles
dans la mémoire d'autrui.

Pensée du 321e jour
16 novembre

Rendre service

Lorsque l'on aide quelqu'un,
on se nourrit d'une force positive
et l'on n'a qu'une envie :
recommencer.

Pensée du 322e jour
17 novembre

État d'esprit intérieur

Cesser de blâmer les autres.
Souvent,
les événements extérieurs
contre lesquels nous pestons
sont une réponse
à notre état d'esprit intérieur.

Pensée du 323e jour
18 novembre

Réponse

Face à un même problème,
certains rient,
d'autres en font toute une histoire,
certains le compliquent,
d'autres encore
sont plus fatalistes
et attendent un jour meilleur.
Et nous ?
Quelle réponse donnons-nous à un problème ?

Pensée du 324e jour
19 novembre

De l'art de la gaieté

Fréquenter des gens enthousiastes.
Fuir les cyniques,
les blasés,
les jamais contents.
S'entourer d'amis gais,
simples,
équilibrés,
sachant être légers et drôles.
Pratiquer l'humour à haute dose.
Se construire ainsi une vie
entourée de remparts de joie.

Pensée du 325e jour
20 novembre

Savoir donner

Le calcul,
la mesquinerie,
le manque de générosité,
l'avarice isolent.

Si l'on veut vivre entouré d'amour,
d'amitié et de bienveillance,
il faut savoir donner.
Il n'y a pas d'autres manières de recevoir
et d'espérer être heureux.

Pensée du 326e jour
21 novembre

Réfléchir à nos actes

En sacrifiant ce que l'on désire véritablement
à ce que l'on désire immédiatement,
on s'expose à de grands regrets
pour de bien petites satisfactions.

Pensée du 327e jour
22 novembre

Dans un carnet

Noter dans un carnet ses priorités
et ses objectifs.
On les sort ainsi d'une abstraction
pour les ancrer dans la réalité.

Voilà, à présent,
ils sont posés devant nous.
On ne peut plus y échapper.
Il ne reste plus qu'à œuvrer
pour s'en approcher.

Pensée du 328e jour
23 novembre

Équilibre

Si nous passions autant de temps
à nous réjouir d'une bonne nouvelle
que nous en passons à nous lamenter d'une mauvaise,
notre vie serait bien plus gaie
et bien plus légère.

Pensée du 329e jour
24 novembre

Ce que l'on a à faire

Un bon moyen de ne pas avoir de crise...
de stress,
d'angoisse au réveil,
est de se coucher la veille
en ayant fait ce que l'on avait à faire.
On dort mieux.
On se réveille satisfait de soi,
plus en forme,
plus détendu
et la journée commence mieux.

Pensée du 330e jour
25 novembre

Moralité

Ne pas faire comme l'imprévoyant de la fable qui creuse un puits quand il a soif.

Pensée du 331e jour
26 novembre

Se recentrer

Mettre en « stand-by » des projets risqués
en attendant que le beau temps revienne.
En période de crise,
mieux vaut se recentrer sur une activité que l'on maîtrise,
génératrice de valeurs économiques.

Pensée du 332e jour
27 novembre

Couleurs de la vie

La vie a le goût,
les couleurs,
l'intensité,
l'intérêt
qu'on veut bien lui accorder.

Pensée du 333e jour
28 novembre

Risque ?

Mieux vaut courir le risque d'un échec que celui de ne rien faire.

Pensée du 334e jour
29 novembre

Opportunités

La vie est remplie d'opportunités
que nous ne savons pas saisir,
tant nous sommes obsédés
par les détails du quotidien.

Pensée du 335e jour
30 novembre

Multiplier son taux d'échec personnel

Pour espérer réussir
il faut doubler,
tripler,
voire quadrupler
notre taux d'échec personnel.

Pensée du 336e jour
1er décembre

Bonne nouvelle

Dès qu'un événement agréable se produit,
dès qu'une bonne nouvelle arrive,
prendre le temps de se réjouir,
de les apprécier,
au lieu de les considérer comme normaux.

Pensée du 337e jour
2 décembre

Apprécier sa propre vie

Et si pour une fois
on s'efforçait,
pendant vingt-quatre heures,
d'aimer notre vie
telle qu'elle est ?

Pensée du 338e jour
3 décembre

Plaie d'argent

Prendre garde à l'argent.
Ne pas le jeter par les fenêtres.
On risquerait de regretter
de ne pas l'avoir respecté
lorsqu'il viendrait à manquer.

Pensée du 339e jour
4 décembre

Bon pied

Après un échec
repartir du bon pied,
en se souvenant que quatre-vingts pour cent de la réussite d'une entreprise
résident dans le premier pas que l'on fera vers elle.

Pensée du 340e jour
5 décembre

Comme au Loto

Cent pour cent de ceux qui ont réussi ont essayé.

Pensée du 341e jour
6 décembre

Changer d'état d'esprit

Cesser d'être pessimiste,
d'imaginer le pire,
et envisager plutôt le bonheur
comme une possibilité,
si ce n'est une certitude.

Pensée du 342e jour
7 décembre

Énergie positive

Observer l'enthousiasme de ceux qui agissent, leur énergie est communicative.

Pensée du 343e jour
8 décembre

Minuscule chandelle

Dans les périodes de crise,
il y a toujours moyen d'agir
et d'entreprendre quelque chose
pour notre vie.
Même si nos ambitions doivent être provisoirement
revues à la baisse,
ne pas baisser les bras, car,
ainsi que le rappellent les Chinois,
« mieux vaut allumer une minuscule chandelle
plutôt que de maudire l'obscurité ».

Pensée du 344e jour
9 décembre

En bonne santé

Si nous ne sommes pas malades,
cessons de nous plaindre.
Le reste passera.
Tant d'autres n'ont pas cette chance !

Pensée du 345e jour
10 décembre

Lâcher prise

Cesser de se disperser dans de futiles combats.
Tant de temps perdu !
Tant d'énergie gaspillée !
Apprenons à lâcher prise.

Pensée du 346e jour
11 décembre

Insurmontable ?

Cessons de nous chercher des excuses.
Rien n'est insurmontable
pour qui a la volonté de s'en sortir.

Pensée du 347e jour
12 décembre

N'en rajoutons pas

Gardons le moral et l'espoir,
les difficultés ne sont que passagères.
Elles passent comme passe l'hiver.
Efforçons-nous de sourire malgré tout,
n'ajoutons pas notre tristesse
à la grisaille ambiante.

De beaux jours viendront bientôt.

Pensée du 348e jour
13 décembre

Défaite ou victoire ?

Une colère est une défaite.
Un sourire est une victoire.

Pensée du 349e jour
14 décembre

Et toc !

Cherchons une bonne blague,
racontons-la à nos enfants,
à notre amour,
à nos amis...
Fabriquons ainsi chaque jour une occasion de rire.
Ce sera notre victoire quotidienne sur la morosité.

Pensée du 350e jour
15 décembre

Et l'amour dans tout ça ?

Est-on certain d'aimer convenablement
celui ou celle qui partage notre vie ?
Lui dit-on assez souvent ce qu'il en est pour nous ?
À quel point nous sommes heureux de sa présence ?
Lui prodigue-t-on assez de gestes d'affection ?

Prenons garde...
Il sera trop tard pour le lui dire
s'il venait à partir...

Pensée du 351e jour
16 décembre

Ce qui ne nous tue pas…

Faire le dos rond,
redoubler d'efforts,
ne pas se décourager malgré les difficultés,
les refus,
les chausse-trappes.
Quand les jours plus favorables reviendront,
nous serons endurcis,
plus résistants,
plus solides,
et les choses nous paraîtront alors plus aisées.
Positivons :
l'adversité nous renforce.

Pensée du 352e jour
17 décembre

Nos limites

Nos seules limites
sont celles que nous nous imposons à nous-mêmes.

Pensée du 353e jour
18 décembre

Leçon

Si l'on tire la leçon de ses échecs,
on s'expose tôt ou tard à réussir.

Pensée du 354e jour
19 décembre

Le sens caché d'une difficulté

Une difficulté ne vient jamais
pour nous barrer la route
mais pour nous permettre d'évoluer.

Pensée du 355e jour
20 décembre

De l'attention aux autres

À quelques jours des fêtes,
redoubler d'attention à l'égard des autres.
Ne pas se perdre dans les boutiques
ou dans de vaines dépenses.
Rien ne ressemble plus à un cadeau de Noël
que celui de l'année dernière.

Accomplir plutôt un acte généreux.
Voir si la voisine a de quoi manger.
Proposer à un ami,
même s'il n'est pas de nos intimes,
de se joindre à notre famille.
Proposer nos services aux restos
– si bien nommés – du Cœur.
Ce n'est pas le moment d'être égoïste.

CONTE DE L'HIVER

Le lion et le lièvre

« Un lion surprenant un lièvre endormi allait le dévorer, quand il vit une biche passer.

« Il laissa alors le lièvre pour se jeter aux trousses de sa nouvelle proie.

« Éveillé par le bruit, le lièvre s'enfuit.

« Quant au lion, il pourchassa la biche sans pouvoir la rejoindre, et revint au lièvre entre temps échappé.

« "Bien fait pour moi ! s'exclama-t-il, j'ai lâché la pâture que j'avais sous la main pour lui préférer une plus belle espérance." »

Fable attribuée à Ésope.

Ainsi certains hommes ne savent pas se satisfaire de gains modérés : ils poursuivent des espoirs plus rentables, oubliant qu'ils lâchent la proie pour l'ombre.

Pensée du 356e jour
21 décembre

Tomber, se relever...

Il faut parfois descendre très bas
pour décider de remonter.

Pensée du 357e jour
22 décembre

Urgence...

En cette fin d'année, souvenons-nous :
la vie est remplie de tâches urgentes
qui peuvent en réalité...
attendre.

Pensée du 358e jour
23 décembre

Le bon moment

Cessons de nous demander
si ce qui arrive est bien ou pas,
bon ou injuste,
si cela survient trop tôt ou trop tard,
si on a de la chance ou si l'on est maudit...
Les choses sont ainsi.
La bonne attitude
consiste à se demander
comment transformer les inconvénients
en avantages.

Pensée du 359e jour
24 décembre

Fraternisons

L'année qui s'achève a été éprouvante ;
en cette période de fêtes et de retrouvailles,
soyons doux avec nos proches.
Prenons chacun des membres de notre famille dans nos bras,
oublions les mésentententes,
les incompréhensions.
Disons simplement à chacun
combien nous sommes heureux de sa présence.

Pensée du 360e jour
25 décembre

Vraiment grave ?

En ce jour de fête, se souvenir :
il y a peu d'événements véritablement graves.
Tout sera vite emporté par l'écume des jours.
Et de la nouvelle année.

Pensée du 361e jour
26 décembre

Encore...

Tenter sa chance.
Y croire,
toujours,
encore,
et encore,
de nouveau,
une énième fois,
y croire toujours.
Aller.
Continuer.

Rien ne résiste au courage,
à la volonté,
à la persévérance.

Essayer encore...

Pensée du 362e jour
27 décembre

Régénérer son esprit

Quand on fait « autre chose »,
les idées nouvelles affluent.
En bricolant,
en rangeant,
en disputant une partie de tennis...
l'esprit se régénère,
voit les choses différemment.
Et envoie de nouveaux messages.
À nous de les recevoir.

Pensée du 363e jour
28 décembre

Tiens donc...

Avons-nous conscience que nous sommes souvent les artisans de notre propre malheur ?

Pensée du 364e jour
29 décembre

Petit problème deviendra grand

S'occuper de ses problèmes,
maintenant,
lorsqu'ils sont encore petits.
Attendre,
c'est prendre le risque qu'ils se compliquent.

Pensée du 365e jour
30 décembre

Vœux

L'occasion des vœux
est la période idéale
pour prendre un nouvel élan,
planifier ses projets,
remettre en ordre ses idées,
ses priorités,
et avancer vers une nouvelle vie.

Pensée du 366e jour
31 décembre

Renouveau

L'année nouvelle est propice aux nouveaux départs.
Il est temps d'aller vers nous-mêmes.

Catherine Rambert
dans Le Livre de Poche

Le Livre de la sérénité n° 15065

« Il n'y a qu'un devoir, c'est d'être heureux », s'exclamait Diderot. Oui, mais qu'est-ce que le bonheur ? Où cela se trouve-t-il ? Toutes les cultures, toutes les philosophies ont voulu aider l'être humain à conjurer ses peurs et ses haines, à trouver le point d'équilibre entre le moi, l'autre, le monde, pour instaurer en lui-même et autour de lui la sérénité. Philosophes, moralistes, écrivains, de Confucius à Oscar Wilde, d'Épicure à Schopenhauer, nous donnent ici le meilleur d'eux-mêmes : ces aphorismes pleins d'une lucidité souvent souriante, à savourer longuement pour en recueillir les bienfaits. Citations de Lao-tseu, Confucius, Sénèque, Épicure, La Bruyère, Oscar Wilde, Mme du Châtelet, Chamfort, Gracían…

Petite philosophie de la paix intérieure n° 31970

Comment vivre en accord avec soi-même et accueillir avec plus de sérénité ce qui arrive ? Comment trouver l'harmonie en toutes choses, prendre conscience de sa chance, apprendre à aimer, échanger, partager et goûter à l'essentiel de l'instant ? Au milieu du stress et des tracas de la vie quotidienne, il est souvent difficile de prendre du recul et de discerner le bonheur, « ce grand silencieux », comme l'appelait Sénèque. Voici des pensées, des petites phrases à méditer chaque jour afin de revenir sur ses actes, ceux que l'on a réussis et ceux que l'on a ratés, et d'en tirer des leçons pour soi et pour l'avenir. 365 méditations qui peuvent vous aider à trouver la voie d'une existence plus sereine et plus épanouie.

Petite philosophie du matin n° 10035

Comment être plus calme, plus équilibré et donc plus heureux jour après jour ? Ce livre rassemble des petites stratégies destinées à aider chacun d'entre nous à réussir sa vie et à surmonter avec distance les petits tracas quotidiens. Il suffit chaque matin de prendre de bonnes résolutions et de décider que la journée sera réussie, envers et contre tout ! Voici 365 pensées à mettre en application dès le début de la journée pour une existence plus sereine et plus épanouie.

Petite philosophie du soir n° 31687

365 pensées pour faire le bilan de la journée passée et s'assurer une existence plus sereine et plus épanouie.

Petite philosophie pour ceux qui veulent atteindre le sommet de la montagne n° 32442

Nous souhaitons tous réaliser nos ambitions, nous accomplir pleinement, réussir notre vie privée et notre vie professionnelle, vivre en accord avec nous-mêmes, nous dépasser... Catherine Rambert nous rappelle que notre valeur ne se mesure ni à nos dons naturels, ni à notre physique, mais bien à ce que nous saurons faire du potentiel qui repose en chacun de nous. Son livre nous offre 365 pensées à méditer au jour le jour ; il nous aide à prendre conscience que cheminer vers les sommets, c'est déjà une manière de poser un regard plus clair sur notre quotidien et de donner un sens nouveau à notre vie.

Du même auteur :

DES FEMMES D'INFLUENCE, Hachette-Carrère, 1991.

LA FÊTE DES MAIRES (avec Jean-Michel GAILLARD), Jean-Claude Lattès, 1993.

LA PRÉSIDENTE, Éditions n° 1, 1997.

LE LIVRE DE LA SÉRÉNITÉ, Éditions n° 1, 1999.

PETITE PHILOSOPHIE DU MATIN, Éditions n° 1, 2001.

PETITE PHILOSOPHIE DU SOIR, Éditions n° 1, 2002.

PETITE PHILOSOPHIE DE LA PAIX INTÉRIEURE, Éditions n° 1, 2004.

SI JE POUVAIS REVIVRE MA VIE, First Éditions, 2005.

PETITE PHILOSOPHIE POUR CEUX QUI VEULENT ATTEINDRE LE SOMMET DE LA MONTAGNE, Éditions n° 1, 2006.

IMPOSTURES SUR PAPIER GLACÉ, Éditions n° 1, 2007.

JOHNNY, LES 100 JOURS OÙ TOUT A BASCULÉ, First Éditions, 2010.

PETITE PHILOSOPHIE DE L'AMOUR, First Éditions, 2013.

PETITE PHILOSOPHIE DU BONHEUR, First Éditions, 2013.

JEAN-LUC DELARUE : FRAGMENTS DE VÉRITÉ, First Éditions, 2013.

PETITE PHILOSOPHIE DE LA GENTILLESSE, First Éditions, 2013.

JEUX DANGEREUX À L'ÉLYSÉE, First Éditions, 2014.

PAPIER À BASE DE FIBRES CERTIFIÉES

Le Livre de Poche s'engage pour l'environnement en réduisant l'empreinte carbone de ses livres. Celle de cet exemplaire est de :
550 g éq. CO_2
Rendez-vous sur www.livredepoche-durable.fr

Composition réalisée par NORD COMPO

Achevé d'imprimer en octobre 2014 en Espagne par
CPI
Dépôt légal 1re publication : février 2011
Gratuit Happy Hours 2015
LIBRAIRIE GÉNÉRALE FRANÇAISE – 31, rue de Fleurus – 75278 Paris Cedex 06